1
2
3
4
5
6
7
8

Paris

STADTABENTEUER

BIRGIT HOLZER

Michael Müller Verlag

DIE AUTORIN:

+++ BIRGIT HOLZER +++

1981 IN KELHEIM GEBOREN +++ STUDIUM DER LITERATUR- UND KOMMUNIKATIONSWISSENSCHAFT IN AUGSBURG UND LILLE +++ STIPENDIATIN DER KATHOLISCHEN JOURNALISTENSCHULE IFP +++ VOLONTARIAT BEI DER MITTELBAYERISCHEN ZEITUNG IN REGENSBURG +++ LEBT UND ARBEITET SEIT 2009 IN PARIS ALS FRANKREICH-KORRESPONDENTIN FÜR MEHRERE TAGESZEITUNGEN +++ WAHL UNTER »DIE BESTEN 30 UNTER 30«, MEDIUM MAGAZIN, 2012 +++

PARIS! IN EINER METROPOLE zu leben, deren bloße Erwähnung in der ganzen Welt sehnsüchtige Begeisterung weckt, ist zwar nicht immer ganz so romantisch wie erwartet. Aber sie bleibt wunderbar, wahnsinnig vielfältig – und voller Überraschungen. Nach Jahren in Paris glaubte ich es eigentlich bestens zu kennen, doch dann begab ich mich auf die Stadtabenteuer. Und lernte, meine heiß geliebten Macarons selbst zu backen, entdeckte die Welt der kleinen Parfümerien, stieg hinab in die Katakomben in 20 Meter Tiefe. Und beim Tangotanzen an der Seine wurde es doch noch romantisch. Frankreichs Weltstadt bietet auch jenseits von Louvre und Eiffelturm fabelhafte Erlebnisse – die 33 schönsten habe ich hier aufgeschrieben.

Birgit Holzer,
Paris – Stadtabenteuer

ZUR REIHE

WIE NÄHERT MAN SICH EINER WELTSTADT MAL ANDERS?

Es war an der Zeit, eine neue Art von Reiseführern zu erfinden. So brachten wir im September 2019 die erste Staffel der *Stadtabenteuer* heraus. Nach einem halben Jahr haben wir nachgedruckt, und dann kam … ein Virus.
Trotzdem war etwas in der Welt, das uns fast überrollt hat. Wir erhielten eine Auszeichnung für die neue Reihe, beste Pressestimmen von der *Süddeutschen* bis zur *FAZ*, auch Bloggerinnen und Blogger waren von der neuen Idee angetan: der Idee, einen Ort durch Erlebnisse zu erkunden. Ihn »mitzunehmen«, weil man etwas tiefer begriffen und erfahren hat, als das über die reine Besichtigung von Sehenswürdigkeiten möglich ist.
Dabei finden wir nach wie vor wichtig, dass mehr als die Hälfte der Erlebnisse kostenlos oder günstig (12 Euro oder weniger) sind, viele familienfreundlich, und die wichtigsten Sights und Spots – dazu gehören auch Wanderstrecken und Strände – beschrieben werden (»Wenn man schon mal hier ist«). Im Zentrum steht das Erlebnis, die Mentalität, die eine Stadt, eine Region oder eine Insel ausmacht.

Matthias Kröner, Herausgeber und Redaktion
Berit Kröner, grafisches Konzept und Herstellung

1
2
3

ANKOMMEN

+++ PARIS IST DAS POLITISCHE, WIRTSCHAFTLICHE UND KULTURELLE ZENTRUM FRANKREICHS +++ DIE SEINE TEILT DIE STADT IN ZWEI TEILE: DIE LINKE, SÜDLICHE SEITE (»RIVE GAUCHE«) SOWIE DIE RECHTE, NÖRDLICHE SEITE (»RIVE DROITE«) +++ MIT 105 QUADRATKILOMETERN HANDELT ES SICH UM EINE IN DER FLÄCHE VERHÄLTNISMÄSSIG KLEINE, ABER SEHR DICHT BESIEDELTE METROPOLE +++ IM ZENTRUM LEBEN 2,1 MILLIONEN MENSCHEN, DER GROSSRAUM ZÄHLT RUND 12,5 MILLIONEN EINWOHNER +++ DIE RINGAUTOBAHN PÉRIPHÉRIQUE UMGRENZT DIE STADT, DOCH MIT DEM AUS- UND NEUBAU VON METROLINIEN IM ZUGE DES INFRASTRUKTURPROJEKTS »GRAND PARIS« WERDEN DIE VORSTÄDTE (BANLIEUES) BESSER AN DAS ZENTRUM ANGESCHLOSSEN +++ MIT ZULETZT 40 BIS 50 MILLIONEN BESUCHERN IM JAHR GEHÖRT PARIS ZU DEN MEISTBESUCHTEN METROPOLEN DER WELT +++

WENN MAN IN PARIS ANKOMMT:

Wer fliegt, landet entweder am Flughafen Charles de Gaulle-Roissy rund 23 Kilometer nördlich vom Zentrum, von wo aus der RER B in die Stadt fährt, oder am 18 Kilometer südlich gelegenen Flughafen Orly. Hier nimmt man die Shuttle-Bahn OrlyVAL bis zur Station Antony und dann den RER B in die Stadt. Wenige Billigflieger landen im 84 Kilometer entfernten Flughafen Beauvais. Mit dem Zug kommt man aus Deutschland entweder am Ostbahnhof Gare de l'Est oder mit dem Thalys am Nordbahnhof Gare du Nord an.

UNTERWEGSSEIN in Paris ist dank des gut ausgebauten Metrosystems sehr einfach. Ein **Einzelticket** kostet **1,90 Euro**, wer mehrere Fahrten geplant hat, kauft am besten ein **Zehner-Heft** (carnet) für **16,90 Euro**. Pro Ticket können Metro und RER kombiniert werden, mehrmaliges Umsteigen ist 2 Stunden lang möglich; bei einer Kombination mit Tram und Bus kann man insgesamt 1,5 Stunden mit einem Ticket fahren. Für Besucher, die die öffentlichen Verkehrsmittel häufig nutzen, gibt es das **Touristenticket »Paris Visite«** für einen, zwei, drei oder fünf Tage. Das kann sich lohnen, wenn man vom Flughafen kommt – dann gleich vor Ort kaufen – und z. B. Ausflüge nach Disneyland oder zum Schloss von Versailles vorhat. Der Tarif für **drei Tage** liegt bei **26,65 Euro** (Zone 1–3) bzw. **53,75 Euro (Zone 1–5) für einen Erwachsenen** und bei **13,30 Euro (Zone 1–3)** bzw. **26,85 Euro (Zone 1–5) für ein Kind** unter 12 Jahren. Allerdings lässt sich in Paris sehr viel auch gut zu Fuß machen.

DIE STADT MIT DEM RAD ERKUNDEN

Paris wird zunehmend zur Fahrrad-Stadt! Es gibt immer mehr Radwege – trotzdem ist Vorsicht geboten, nicht zuletzt aufgrund des oft draufgängerischen Fahrstils der Pariser. Das Leihradsystem Vélib Metropole funktioniert mit festen Stationen überall in der Stadt, an denen **ab 5 Euro pro Tag** mechanische und elektrische Räder ausgeliehen und abgegeben werden können. Darüber hinaus stehen rote E-Bikes von Uber zur Verfügung.

1
ZENTRUM

+++ ERLEBEN +++

1

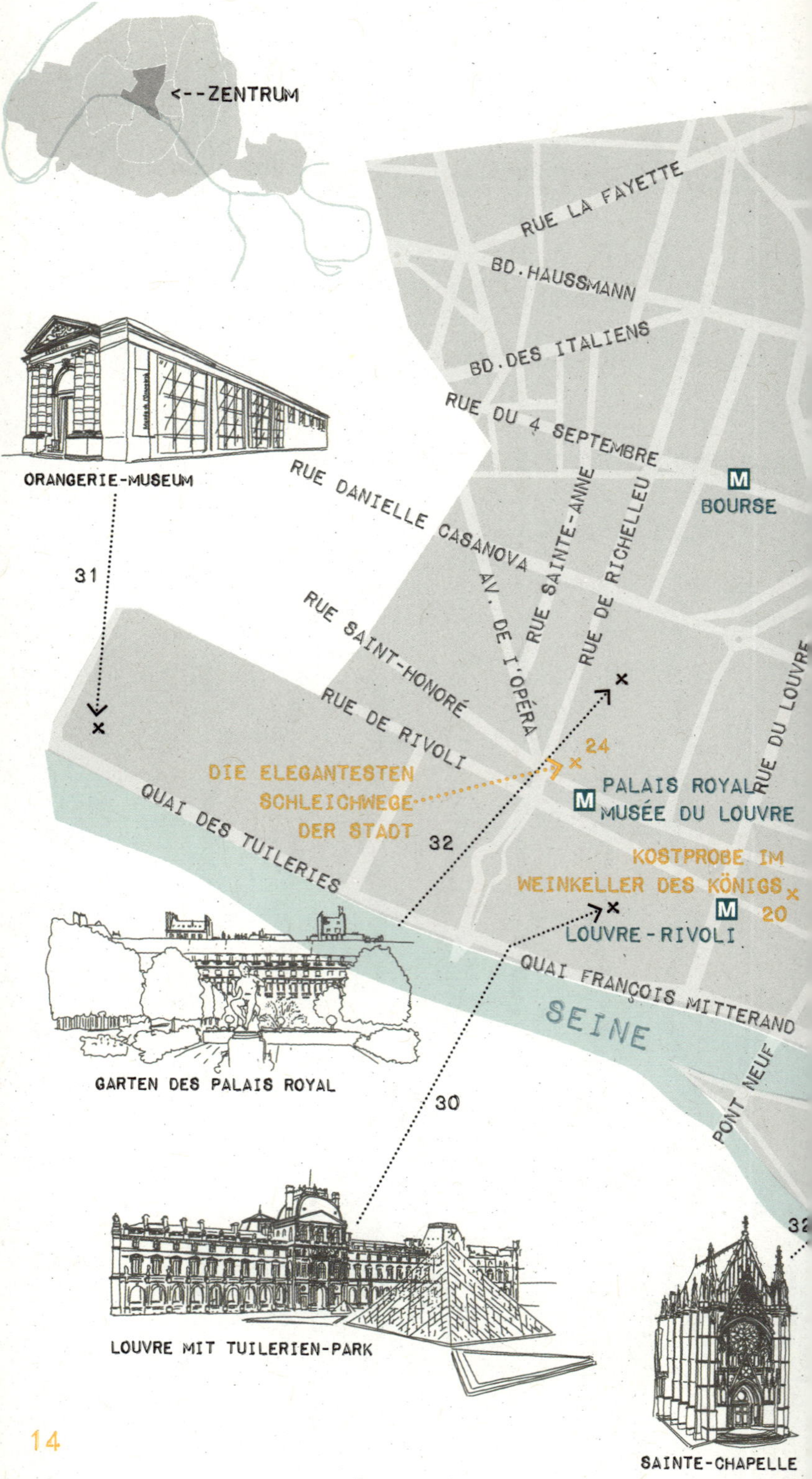

<--ZENTRUM
RUE LA FAYETTE
BD. HAUSSMANN
BD. DES ITALIENS
RUE DU 4 SEPTEMBRE
M BOURSE
ORANGERIE-MUSEUM
RUE DANIELLE CASANOVA
AV. DE L'OPÉRA
RUE SAINTE-ANNE
RUE DE RICHELIEU
31
RUE SAINT-HONORÉ
RUE DE RIVOLI
24
DIE ELEGANTESTEN SCHLEICHWEGE DER STADT
M PALAIS ROYAL MUSÉE DU LOUVRE
RUE DU LOUVRE
QUAI DES TUILERIES
32
KOSTPROBE IM WEINKELLER DES KÖNIGS
20
M LOUVRE-RIVOLI
QUAI FRANÇOIS MITTERAND
SEINE
GARTEN DES PALAIS ROYAL
PONT NEUF
30
32
LOUVRE MIT TUILERIEN-PARK
SAINTE-CHAPELLE

SCHON DIE KELTEN haben Paris besiedelt, und zwar zunächst die Seine-Inseln – hier liegt der Ursprung der Stadt und bis heute auch sein ganz exaktes Zentrum. Denn vom Platz vor der Kathedrale Notre-Dame aus werden die Distanzen von Paris zu jedem anderen Ort der Welt gemessen.

DIE BEIDEN INSELN, die von den Seine-Armen umschlungen werden, laden dank Verkehrsberuhigung zum Flanieren ein. Etwas lebhafter geht es im 1. und 2. Arrondissement nordwestlich der Inseln zu, wo etliche der schönsten und ältesten Bauten der Stadt stehen.

KATHEDRALE NOTRE-DAME

KEINE ANGST VOR BUNTEN FARBKLECKSEN

BESUCH IN 30 KÜNSTLERATELIERS

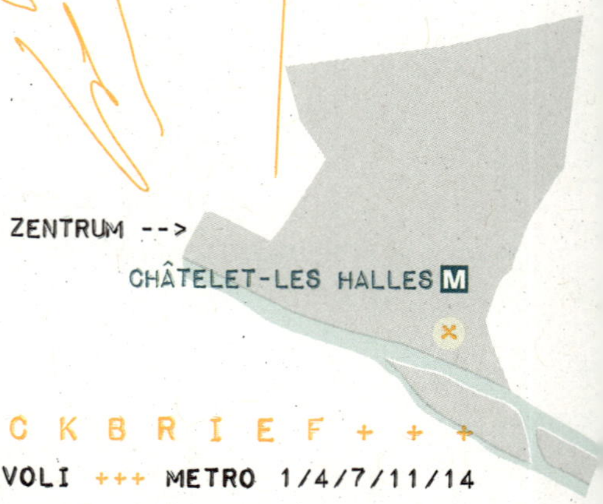

+ + + S T E C K B R I E F + + +

WO? 59 RUE DE RIVOLI +++ METRO 1/4/7/11/14 CHÂTELET-LES HALLES +++ WANN? DIENSTAG BIS SONNTAG ZWISCHEN 13 UND 20 UHR +++ 59RIVOLI.ORG +++ WIE LANGE? ETWA 90 MINUTEN +++ WIE VIEL? EINTRITT FREI +++ WICHTIG! SAMSTAG UND SONNTAG AB 18 UHR GRATISKONZERTE +++

AUSGERECHNET in der Rue de Rivoli, in der sich Souvenirshops, Modeläden und Schnellimbisse aneinanderreihen, hätte ich keine schräge Künstlerresidenz erwartet, die noch dazu einst mit einer Hausbesetzung begann. Inzwischen hat sie aber offiziellen Status. Es herrscht ein gewisser Kontrast zwischen der stattlichen Fassade des hohen Gebäudes mit seinen elegant geschwungenen Minibalkonen – und seinem alternativ-chaotischen Innenleben. Das Staunen beginnt bereits im Treppenhaus, wo Wände und Stufen in knallbunten Farben bemalt und beschriftet sind. Irgendwo von oben dröhnt Édith Piafs Lied *Milord* herunter. Mir fällt ein Schild auf: *Kauft von Künstlern, solange sie leben!* Willkommen im 59Rivoli, benannt nach seiner eigenen Hausadresse. Insgesamt 30 internationale Künstler haben hier auf sechs Stockwerke verteilt ihre Ateliers.

WER MAG, kann durch das Gebäude streifen, den Künstlern bei der Arbeit zusehen – oder beim Essen: Im ersten Raum sitzt einer von ihnen an seinem Schreibtisch vor einer Wand mit Akt- und Porträtzeichnungen und lässt sich ein Asia-Gericht schmecken. »Bon appétit«, sage ich und setze meinen Rundgang fort, während ich ihn noch ein »Merci« murmeln höre. Durch die geöffneten Fenster dringt Stadtlärm herein. Vorbei geht es an den grafisch-geometrischen Werken der Künstlerin Negin Rouhbakhsh. In einem Zimmer glaube ich mich alleine zwischen Mosaiken und Landschaftsgemälden aus Öl, bis ich irgendwann den jungen Mann entdecke, der vor einer Staffelei am Fenster sitzt und tief versunken zeichnet. Ich störe ihn nicht weiter, steige eine Etage hinauf und treffe auf den Amerikaner Marc Olsen, der die Wände gerade lachsfarben streicht, um seine Werke besser zur Geltung zu bringen. Mit rund 4.000 Besuchern pro Woche, sagt er, komme er oft kaum voran, aber für ihn wurde hier ein Traum wahr: in Paris zu arbeiten, noch dazu an einem so besonderen Ort, wo er frei herumklecksen kann. Er deutet auf die Farbflecken auf dem Betonboden: »Mit dem Parkett bei mir zu Hause könnte ich nicht so umgehen.«

DAS PARIS DA DRAUSSEN scheint sich in einer anderen Welt zu befinden, und selbst hier drinnen ist jeder Raum ein Universum für sich. Manche sind fast leer, sodass nichts von den Bildern ablenkt, andere quellen regelrecht über vor Rahmen, Leinwänden, Kartons. Auf Schreibtischen verteilen sich Pflanzen, Kaffeetassen, Pinsel. Im fünften Stock begegne ich Francesco, der das 59Rivoli ab 1999 besetzt und mitbegründet hat und mir erklärt, was es sein möchte – und was nicht: kein Museum, das Berührungsängste mit Kunst hervorruft, sondern ein Ort, der vom Austausch lebt und den jeder betreten kann. So herrscht auch in der Kunstgalerie im Erdgeschoss mit Wechselausstellungen eine ungezwungene Atmosphäre. Bevor ich abschließend einen Blick hineinwerfe, skizziert Francesco noch ein Porträt von mir, mit flinken Strichen wirft er es auf ein Blatt. Ich bin etwas erstaunt, denn er hat mich 20 Jahre jünger gemacht, und ich ähnele mehr den Manga-Mädchen, die er sonst zeichnet, als mir selbst. Geschenkt ist es nicht, aber ich kann geben, was ich möchte. Schließlich soll man Künstler unterstützen, solange sie am Leben sind. Und mir bleibt ein Souvenir.

WENN MAN SCHON MAL **HIER** IST:

An den **Bouquinisten** □→ kommt man in Paris nicht vorbei. So heißen die Straßenbuchhändler, die jeden Tag auf beiden Seiten entlang der oberen Seine-Ufer stehen. Ihr Name leitet sich ab von »bouquin«, umgangssprachlich für Buch. In ihren dunkelgrünen Kästen, die sie auf- und zuklappen können, verkaufen sie Bücher in verschiedenen Sprachen, Postkarten und manchmal auch Souvenirs.

KOSTPROBE IM WEINKELLER DES KÖNIGS

EINE ENTDECKUNGSTOUR RUND UM DEN WEIN IN DEN »CAVES DU LOUVRE«

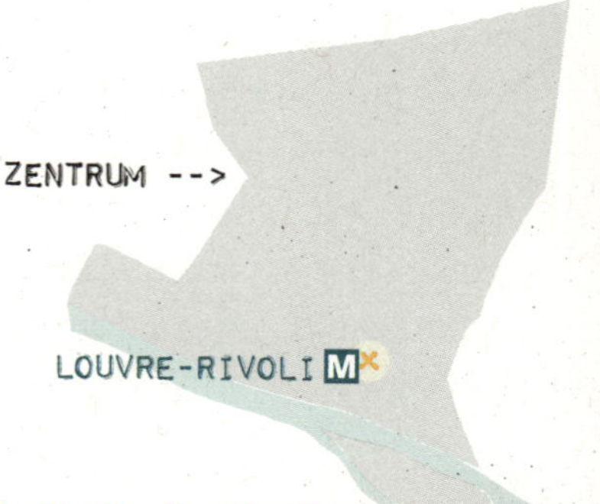

+ + + STECKBRIEF + + +

WO? 52 RUE DE L'ARBRE SEC +++ METRO 1 LOUVRE-RIVOLI +++ CAVESDULOUVRE.COM +++ WANN? MONTAG BIS SAMSTAG VON 11 BIS 19.30 UHR, SONNTAG VON 14 BIS 18 UHR +++ WIE LANGE? CA. 1 STUNDE +++ WIE VIEL? EINTRITT GRATIS. FÜHRUNGEN MIT DREI WEINPROBEN 35 EURO +++ WICHTIG! ENGLISCHSPRACHIGE FÜHRUNGEN UND WEIN-ASSEMBLAGE-SEMINARE ZUM KREIEREN DES EIGENEN WEINS KÖNNEN AUF DER INTERNETSEITE GEBUCHT WERDEN (75 EURO PRO PERSON) +++

ICH HATTE MICH DARAUF EINGESTELLT, dass es hier modrig riechen würde. Doch als ich die Steintreppe hinabsteige, nehme ich weder muffigen Geruch noch Spinnweben wahr, dafür die schummrige Beleuchtung eines historischen Weinkellers mit Deckengewölben, stilvoll angereichert mit modernen Elementen. Die Caves du Louvre, die Keller des Louvre, sind Teil eines Gebäudes aus dem 18. Jahrhundert, das einst dem Weinlieferanten König Ludwigs XV. gehörte. Ein unterirdischer Gang führte von hier direkt in den Louvre, einst das Pariser Stadtschloss. Und zur Seine, denn Wein wurde damals in Fässern über den Fluss transportiert. Das erfahre ich aus der App, die man mir am Eingang empfohlen hat und die mich durch die zugänglichen Bereiche des Kellers weist. Statt einer Führung mit Weinverkostung mache ich den interaktiven Entdeckungsspaziergang auf eigene Faust.

ICH GELANGE IN EINEN RAUM mit einem guten Dutzend Weinfässern, über jedem hängt ein Gemälde. Regelmäßig findet hier ein Austausch zwischen Winzern und Künstlern statt, Zweitere lassen sich von der Verkostung inspirieren. Daraus entstehen Werke vom impressionistischen Landschaftsgemälde bis hin zum Frauenrücken, über den Wassertropfen perlen. Es muss ein sinnliches Geschmackserlebnis gewesen sein.

Überhaupt ist es erstaunlich, wie vollmundig manche Weine schmecken – denn sie wachsen auf kargen Böden, die die Weinreben dazu zwingen, sich Wasser und Nährstoffe aus mehreren Metern Tiefe zu holen. Eine Ausstellung von Reben in Lehm-, Kalk- oder steinigem Boden gibt einen Überblick über die französischen Anbaugebiete und ihre Charakteristika – die »Terroirs«. Der Boden, lerne ich, ist entscheidend für den Geschmack.

Ein anderer Raum wirkt durch die nachempfundenen Weinreben, die unterhalb der Deckenwölbung angebracht sind, wie eine Höhle. Fühlt es sich so im Inneren eines Weinbergs an? Ein Riechspiel ist hier aufgebaut: Ich kenne das Aroma von Vanille, Zimt, Tanne, Trüffel oder Banane – aber erkenne ich es auch? Das klappt richtig gut, aber eine Weinkennerin macht das wohl noch nicht aus mir.

WEITER FÜHRT DER WEG in einen langen Verkostungssaal mit Weinfässern. Wer mag, kann hier bei einem Workshop eine Assemblage seines eigenen Weins herstellen, ihn also verschneiden, bis er zum ganz persönlichen Geschmack passt. Diese spannende Erfahrung bleibt mir heute verwehrt, aber dafür studiere ich umso eifriger eine große Karte, die die Weinregionen Frankreichs zeigt – wo wachsen welche Rebsorten? Und wohin in die Welt werden diese exportiert? Vielleicht kann ich mir so ja ein paar eindrucksvolle Wissenssplitter aneignen … Schließlich teste ich meinen Geruchssinn noch mit kleinen Duftpumpen: süß, sauer, bitter – was so selbstverständlich erscheint, ist über die Nase gar nicht so leicht zuzuordnen. Doch Wein soll schließlich keine Prüfung sein, sondern in erster Linie ein Genuss bleiben. Deshalb gönne ich mir noch ein Gläschen an der kellereigenen Bar. Was könnte er für Aromen enthalten? Ich tippe auf Banane – ihre Note findet sich nämlich in vielen Rotweinen. Dieses Wissen nehme ich auf jeden Fall mit von diesem stimmungsvollen Ort.

WENN MAN SCHON MAL **HIER** IST:

Als **»Blätterdach« (Canopée)** bezeichneten seine Architekten das moderne weiße Gebäude am Platz der früheren Markthallen, weil wie bei einem Baum die Sonnenstrahlen durch die luftige Struktur fallen. Seit 2016 überspannt es ein Einkaufszentrum mit Kino, ein Konservatorium und Tanzsäle – aber auch den unterirdischen **Metrobahnhof Châtelet-Les Halles** □→, der ein wuseliger Verkehrsknotenpunkt ist, ein zentraler Treffpunkt und ein guter Ort zum Shoppen.

DIE ELEGANTESTEN SCHLEICHWEGE DER STADT

EINE INSIDER-TOUR DURCH DIE ÜBERDACHTEN, GUT VERSTECKTEN LADENPASSAGEN

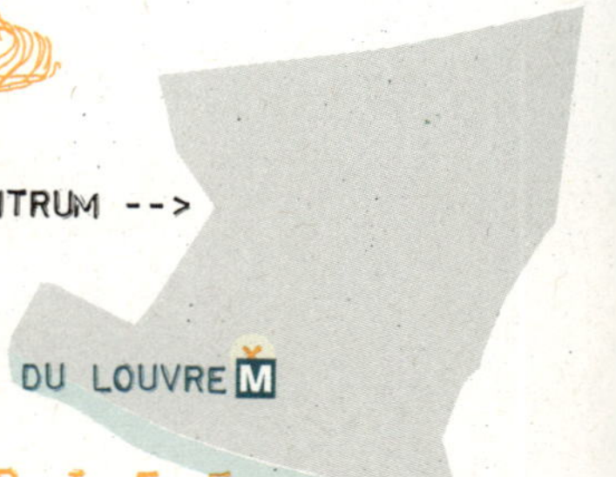

+ + + STECKBRIEF + + +

WO? PLACE COLETTE +++ METRO 1/7 PALAIS ROYAL-MUSÉE DU LOUVRE +++ WANN? MONTAG BIS SAMSTAG ZWISCHEN 7 UND 22 UHR +++ WIE LANGE? 1 BIS 2 STUNDEN +++ WIE VIEL? GRATIS +++ WICHTIG! GEFÜHRTE TOUREN AUF ENGLISCH KÖNNEN UNTER CULTIVAL.FR/EN FÜR 11 EURO RESERVIERT WERDEN +++

WER NICHT AUFMERKSAM auf die Schriftzüge an den Gebäuden blickt, sondern sich von den Schaufenstern im Straßengewimmel ablenken lässt, droht die Eingänge zu verpassen. Und damit die Juwelen zwischen den Häuserwänden, die die historischen Passages Couverts zweifelsfrei sind – jene überdachten Galerien, von denen in der ersten Hälfte des 19. Jahrhunderts rund 150 als elegante Vorläufer der Einkaufszentren entstanden. Sie blieben zu etwa einem Fünftel erhalten und wirken wie Geheimwege, still und doch zentral. Mit einer Freundin in Bummellaune beschließe ich, die schönsten von ihnen zu besichtigen, und so biegen wir vom Place Colette aus in die Rue Saint-Honoré, bis es links in die Rue Croix des Petits Champs geht. Hier heißt es aufpassen: Rechts taucht der Eingang in die Passage Véro-Dodat auf, an dem Skulpturen von Merkur und Herakles prangen.

WIR BETRETEN EINE WELT im neoklassizistischen Stil, die wie in Watte gehüllt wirkt: Der Straßenlärm ist nur noch gedämpft zu vernehmen, auf dem schwarz-weißen Marmorboden hören wir unsere Schritte hallen. Wo kein Glasdach ist, sind die Decken mit Ornamenten und romantischen Abbildungen von Engeln verziert. Nur wenige Passanten sind unterwegs, die wie wir an den Vitrinen mit ihren Gemälden, Antiquitäten und Lederwaren vorbeischlendern. Ursprünglich dienten diese Ladenpassagen als Durchgänge zwischen den Straßenzügen, die vor Wind und Wetter schützten. Dabei ist die Atmosphäre in jeder von ihnen anders. Das stellen wir fest, als wir unser zweites Ziel erreichen. Wir sind Richtung Osten über die Rue du Louvre, die Rue Étienne Marcel und Rue Saint-Denis gegangen und stehen nun vor der Passage du Grand Cerf, der »Passage des großen Hirschen« mit einem Hirschgeweih am Eingang und mit der verglasten Decke in beeindruckenden zwölf Metern Höhe, durch die das Licht flutet. Alles wirkt hier rustikaler. Wir stöbern uns gemütlich durch die Läden für Schmuck, Stoffe und Holzmöbel, und meine Freundin findet ein paar Ohrringe, die sie nach dem Kauf gleich anlässt. Dann durchqueren wir ein belebtes Einkaufsviertel in Richtung Norden.

DIE PASSAGE VERDEAU liegt oberhalb der Metrostation Grands Boulevards an der Rue du Faubourg Montmartre. Es ist das Revier der Antiquariate, Kunst- und Buchhändler, aber auch eines Katers, der vorbeistreift. Am Ende überqueren wir nur die Rue de la Grange Batelière, wo sich die Passage Jouffroy direkt anschließt – mit massenweise Büchern, Fotos, Tassen. Die Stille im Kontrast zum Trubel draußen ist wohltuend. Vor allem, wenn man über den lauten Boulevard Haussmann weiter in die Passage des Panoramas kommt, die vergleichsweise dunkel wirkt. Hier gibt es wenig zu gucken, dafür aber viel zu essen, von argentinisch bis italienisch. Aber hungrig sind wir nicht, sondern kehren ins Ausgangsviertel zurück und runden unsere Tour mit einem Besuch in der Galerie Vivienne bei der Metrostation Bourse ab. Mit ihren Mosaiken am Boden und den hellen Glasdecken wirkt die Passage sehr edel – das gilt auch für die Boutiquen, die Chanel und Prada verkaufen. Zu viel für unser Portemonnaie, lieber lassen wir uns an einem Bistrotisch nieder für ein Gläschen kühlen Weißwein und eine der schönsten Beschäftigungen in Paris: dem Treiben der Menschen zusehen.

WENN MAN SCHON MAL **HIER** IST:
Wer zur Abwechslung mal nicht französische Cuisine essen will, sondern japanisch liebt, findet sein Glück in der Gegend um die Metrostation Pyramides nicht weit vom Place Colette. In den Straßen **Rue des Petits Champs** und **Rue Sainte-Anne** □→ gibt es die besten Sushis (**Ryo**), Bentos (**Juji**) und Ramen (**Dosanko**) der Stadt.

WENN MAN SCHON MAL IM ZENTRUM IST

+++ SEHEN +++
+++ ESSEN +++
+++ AUSGEHEN +++
+++ SHOPPEN +++
+++ SCHLAFEN +++

1

SEHEN

LOUVRE MIT TUILERIEN-GARTEN ☐↑

Zumindest ein Louvre-Besuch ist bei einem Parisaufenthalt ein Muss! Eines der größten Museen der Welt befindet sich in der ehemaligen Residenz der französischen Könige, die auf das 14. Jahrhundert zurückgeht. Weil man sich hier verlieren und mehrere Tage verbringen könnte, sollte man sich entscheiden, ob man römische, orientalische, griechische, etruskische oder romanische Werke sehen möchte, Kunst des Islam, Skulpturen, grafische Kunst oder Gemälde – darunter die berühmte Mona Lisa von Leonardo da Vinci. Im Anschluss bietet sich ein Gang durch den Tuilerien-Park an, den ehemaligen Schlossgarten an der Seine.

+++ RUE DE RIVOLI +++ METRO 1/7 PALAIS ROYAL-MUSÉE DU LOUVRE +++ LOUVRE.FR +++ MO/MI-SO 9-18 UHR +++ EINTRITT 17 EURO, GRATIS FÜR ALLE UNTER 18 UND EUROPÄER UNTER 26 +++

KATHEDRALE NOTRE-DAME

Die Bilder von der brennenden Kathedrale im April 2019 lösten weltweit Entsetzen aus. Notre-Dame war bis dahin mit rund zwölf Millionen Besuchern das meistbesuchte Monument der Welt und gehört zu den bedeutendsten Wahrzeichen von Paris. Die Bauarbeiten laufen seitdem fieberhaft, um es in einigen Jahren wieder zugänglich zu machen. Bis dahin bleibt der Blick von außen auf den verwundeten gotischen Bau aus dem 12. Jahrhundert beeindruckend. An den Gittern davor finden wechselnde Ausstellungen statt, etwa mit Bildern aus dem Inneren.

+++ 6 PARVIS NOTRE-DAME +++ METRO 4 CITÉ +++ NOTREDAMEDEPARIS.FR +++

ORANGERIE-MUSEUM

Wer Claude Monet und die Kunst der Impressionisten generell liebt, ist hier genau richtig. Einige von Monets Seerosenbildern – mit einer Länge von bis zu 17 Metern – ziehen sich großflächig über ovale Räume. Neben diesen beeindruckenden Werken sind auch solche anderer berühmter Maler seiner Zeit wie Paul Gauguin oder Paul Cézanne zu sehen. Hinzu kommen wechselnde Ausstellungen.

+++ JARDIN TUILERIES +++ METRO 1/8/12 CONCORDE +++ MUSEE-ORANGERIE.FR +++ MI-MO 9-18 UHR +++ EINTRITT 12.50 EURO. GRATIS FÜR ALLE UNTER 18-JÄHRIGEN UND EUROPÄER UNTER 25 +++ FREIER EINTRITT AN JEDEM 1. SONNTAG IM MONAT! +++

GARTEN DES PALAIS ROYAL

Hinter dem prächtigen Palais Royal, das unter anderem den Staatsrat, das legendäre Molière-Theater Comédie-Française und das Kulturministerium beherbergt, liegt ein nicht weniger prächtiger Stadtgarten, dessen Pläne aus dem Jahr 1870 kaum verändert wurden. Groß ist er nicht, aber wunderschön mit seinen romantischen Baumalleen und den Bänken darunter, den gepflegten Blumenfeldern und Rosenbeeten sowie den *Säulen von Buren*, einem begehbaren Kunstwerk des Installationskünstlers Daniel Buren.

+++ 2 GALERIE DE MONTPENSIER +++ METRO 1/7 PALAIS ROYAL-MUSÉE DU LOUVRE +++ TÄGL. 8-20.30 UHR +++ GRATIS +++

SAINTE-CHAPELLE

Die frühere Palastkapelle der königlichen Residenz aus dem 13. Jahrhundert ist ein Juwel des hochgotischen Stils. Ihr Reliquienschrein soll unter anderem die Dornenkrone Christi beinhalten, ihre Buntglasfenster zeigen mehr als 1.000 christliche Szenen.

+++ 8 BOULEVARD DU PALAIS +++ METRO 4 CITÉ +++ SAINTE-CHAPELLE.FR/EN +++ APRIL-SEPTEMBER TÄGL. 9-19.30 UHR, MI 9-21.30 UHR, OKTOBER-MÄRZ TÄGL. 9-17 UHR +++ TICKET 11,50 EURO (ERWACHSENE), 17,50 EURO KOMBITICKET MIT DER CONCIERGERIE, GRATIS FÜR EUROPÄER UNTER 25 +++ MEHRMALS PRO WOCHE FINDEN KONZERTE STATT, KARTEN UNTER EUROMUSICPRODUCTIONS.FR/CONCERTS.HTM, EINTRITT 14,50 EURO, GRATIS FÜR UNTER 18-JÄHRIGE +++

LE MESTURET ⇨

Ein urfranzösisches Bistro – das heißt, es gibt durchgehend warme, rustikale Küche, und die Stimmung ist behaglich. Zu empfehlen ist das Filet vom Stör für knapp 20 Euro, hausgemacht wie alle Gerichte hier.

+++ 77 RUE DE RICHELIEU +++ METRO 3 BOURSE +++ LEMESTURET.COM +++ +33 142 97 40 68 +++ TÄGL. 12-23 UHR +++

LOUP

Gemütliche Holztische, und das Fleisch wird direkt auf einem riesigen Grill gebraten. Poke Bowls und große Salate gibt es für 15 bis 17 Euro, bei Fisch und Fleisch liegt man preismäßig zwischen 20 und 30 Euro pro Gericht.

+++ 44 RUE DU LOUVRE +++ METRO 1 LOUVRE-RIVOLI ODER 4 ETIENNE-MARCEL +++ LOUP-PARIS.COM +++ +33 142 36 73 23 +++ TÄGL. 8-2 UHR. WARME KÜCHE SO-DO 8-0 UHR. FR/SA 8-1 UHR +++

VÉGÉT'HALLES

Frische Küche mit einer breiten Auswahl an fleisch- und fischlosen Gerichten für rund 14 Euro vom veganen Burger bis hin zum Seitan-Steak.

+++ 41 RUE DES BOURDONNAIS +++ METRO 4 LES HALLES +++ VEGETHALLES.FR +++ +33 140 41 93 95 +++ MO-SA 12.15-15 UHR UND 19-23 UHR +++

BISTROT MADAME

Ein noch recht neuer Laden mit moderner, aber gemütlicher Einrichtung und typischen Bistrogerichten wie Burger, Rinder- oder Lachstatar. Ein Hauptgericht kostet um die 17 Euro, Vor- und Nachspeise jeweils um die 8 Euro.

+++ 1 RUE SAINT MARC +++ METRO 3 BOURSE +++ BISTROTMADAME.COM +++ +33 140 39 94 27 +++ MO-FR 8-2 UHR. SA 10-2 UHR +++

AUSGEHEN

CARROUSEL FRANÇAIS

Schicke Wein-Bar, Käse- und Wurstteller für 5 Euro pro Sorte – vom Trüffel-Gouda bis zur Gänseleberpastete.

+++ 12 RUE DE TURBIGO +++ METRO 4 ETIENNE-MARCEL +++ FACEBOOK.COM/CARROUSELFRANCAIS +++ MO-SA 18.30-22 UHR +++

COMÉDIE FRANÇAISE

Selbst wenn man kein Französisch versteht, ist ein Theaterbesuch in der geschichtsträchtigen Comédie Française ein Erlebnis. Restkarten für 5 Euro (mit eingeschränkter Sicht) gibt es 30 Minuten vor Vorstellungsbeginn am Ticketschalter Rue de Richelieu.

+++ 1 PLACE COLETTE +++ METRO 1/7 PALAIS ROYAL-MUSÉE DU LOUVRE +++ COMEDIE-FRANCAISE.FR +++

SHOPPEN

LA CHAMBRE AUX CONFITURES

Hier gibt es nicht industriell hergestellte Marmelade in spannenden Sorten von Erdbeere-Eisenkraut bis Birne-Marone. Ideal: ein Mix aus Probierportionen.

+++ 9 RUE DES PETITS CARREAUX +++ METRO 3 SENTIER +++ LACHAMBREAUXCONFITURES.COM +++ MO/MI-FR 11-14.30 UHR UND 15.30-19.30 UHR, DI 11-19.30 UHR, SA 10-14 UHR UND 14.30-19.30 UHR, SO 10-13 UHR +++

CÉCILE & JEANNE

Zum Stöbern und Schwachwerden: Die Schmuckdesignerin Jeanne verkauft ihren selbst entworfenen »Fantasie-Schmuck« in diversen Ausführungen, aber auch Taschen und Rucksäcke.

+++ 270 RUE SAINT HONORÉ +++ METRO 1 TUILERIES +++ CECILEJEANNE.COM +++ DO-SA 12-13.30 UHR UND 14.30-19 UHR +++

SCHLAFEN

HOTEL VIVIENNE OPÉRA

Wirklich ruhig geht es in diesem Viertel nicht zu, dafür ist man mittendrin im Geschehen. Doch das Hotel befindet sich in einer Seitenstraße, und die Zimmer sind gut isoliert und modern. Die günstigsten Doppelzimmer mit Toilette auf dem Flur gibt es ab rund 100 Euro, wer mehr Privatsphäre möchte, zahlt ab 150 Euro.

+++ 40 RUE VIVIENNE +++ METRO 8 GRANDS BOULEVARDS/RICHELIEU DROUOT +++ WWW.HOTEL-VIVIENNE.COM +++ +33 142 33 13 26 +++

DRAWING HOTEL

Der Aperitif wird am Rooftop serviert und das Frühstück im Innenhof oder in der Bar, die Zimmer sind stylisch und die Räume auf fünf Etagen von Designkünstlern gestaltet – immerhin kommt die Hoteldirektorin aus der Designbranche. Der Preis für ein Doppelzimmer beginnt bei 150 Euro – das Frühstück für 19 Euro ist dann noch nicht enthalten.

+++ 17 RUE DE RICHELIEU +++ METRO 7/14 PYRAMIDES +++ DRAWINGHOTEL.COM +++ +33 173 62 11 11 +++

2
RECHTS DER SEINE

+++ ERLEBEN +++

VOR ALLEM AN WOCHENTAGEN pulsiert hier sowohl in den Gassen als auch auf den breiteren Boulevards das pralle Leben: Im Viertel um das Palais Garnier, die Alte Oper, sind alle unterwegs – die Angestellten der vielen Büros, die Touristen und die Shopping-Liebhaber.

DEMENTSPRECHEND REICHHALTIG ist das Angebot an Restaurants, Imbissen und Bars. Die Gegend im Nordwesten der Seine mit den Champs-Élysées und dem Triumphbogen gilt traditionell als nobel und wohlhabend. Das spiegelt sich auch in den Bauwerken und Stadthäusern wider.

SCHLEMMEND BESICHTIGEN

EINE DINNER-FAHRT DURCH PARIS IM »BUSTRONOME«

M CHARLES-DE-GAULLE - ÉTOILE

<--RECHTS DER SEINE

+ + + STECKBRIEF + + +

WO? 2 AVENUE KLÉBER +++ METRO 1/2/6 CHARLES DE GAULLE-ÉTOILE +++ BUSTRONOME.COM/EN +++ WANN? TÄGLICH UM 12.15 UHR ZUM LUNCH ODER UM 19.45 ODER 20.45 UHR ZUM DINNER, SONNTAGS AUCH BRUNCH UM 12.15 UHR +++ WIE LANGE? KNAPP 2 STUNDEN FÜR BRUNCH ODER LUNCH, KNAPP 3 STUNDEN FÜR DINNER +++ WIE VIEL? BRUNCH UND LUNCH AB 65 EURO OHNE ALKOHOLISCHE GETRÄNKE (FÜR KINDER UNTER 12 JAHREN AB 40 EURO), DINNER AB 100 EURO (AB 50 EURO FÜR KINDER) +++ WICHTIG! AUDIOGUIDE AUCH IN DEUTSCHER SPRACHE ERHÄLTLICH. WER VEGETARISCH ESSEN MÖCHTE, MELDET DAS VORHER AN +++

ES IST IMMER TOLL, einen Blick in die Küche des Restaurants zu werfen, in dem man isst. Heute Abend kommen wir automatisch daran vorbei und sehen, wie die Köchin hinter den Glasscheiben mit beflissenen Gesten Vorspeisenteller anrichtet. Viel Platz hat sie nicht in ihrer Mini-Küche im unteren Teil des Doppeldeckerbusses namens »Bustronome«, einer Mischung aus Bus und Bistro.

In der oberen Etage, wo uns eine Bedienung unseren Platz zuweist, sind die Tische schon gedeckt. Zwei Weingläser und ein Wasserglas stehen vor jedem Gast, gesichert in einer Kunststoff-Konstruktion – eine kluge Idee, damit nichts überschwappt, wenn man übers Kopfsteinpflaster ruckelt. Gleich werden mein Freund und ich von hier aus Paris essend und trinkend besichtigen. Das macht schließlich Sinn, in einer Stadt, in der kulinarische Genüsse einen so hohen Stellenwert haben.

DIE BEDIENUNG ERKLÄRT UNS die Verwendung der Audioguides: Halten wir das Gerät an eine der markierten Sehenswürdigkeiten im bereitliegenden Stadtplan, bekommen wir historische Infos dazu. Vom Triumphbogen aus biegt unser Gefährt in die Champs-Élysées, die es langsam entlangtuckert. Dass hier einst moorige Felder lagen, bevor der Sonnenkönig Ludwig XIV. den Bau der Prachtstraße in Auftrag gab, vermag man sich heute kaum mehr vorstellen. Von unserem erhöhten Sitzplatz aus haben wir beste Sicht auf die Straße mit ihren blinkenden Lichtern. Derweil bekommen wir die Vorspeise serviert, die wir unten in Vorbereitung gesehen haben: Wolfsbarsch-Carpaccio auf Gemüse. Am Concorde-Platz angelangt, geht es in Richtung La Madeleine, einem klassizistischen Kirchenbau mit korinthischen Säulen. Während der zweite Gang ansteht, beobachten wir Menschen, die auf Café-Terrassen sitzen, oder solche, die vorbeieilen. Und bekommen köstliche Champignons in einer Cremesoße, weil wir um fleischlose Gerichte gebeten haben. Vor der Alten Oper hat ein Straßenmusikant mit Gitarre Position bezogen. Hören können wir ihn nicht, aber an den Bewegungen der Zuschauer auf den Treppen den Takt der Musik wahrnehmen.

WIR LASSEN UNS weiter zum Louvre mit der Glaspyramide kutschieren. Derweil hat die Dämmerung eingesetzt, und wir genießen einen panierten Lachs auf Erbsencreme. Als es auf die andere Seite der Seine geht, wechselt der Himmel von Minute zu Minute seine Farbe, geht von Rosa in verschiedene Gelb- und Orangetöne über. Wir sehen auf die Baustelle von Notre-Dame, Menschen sitzen mit Getränken und Chips am Wasser, für uns gibt es derweil etwas luxuriöser ein Gemüseragout. Als wir am Invalidendom mit seiner golden leuchtenden Spitze angekommen sind, ist es vollends Nacht geworden. Hier verspeisen wir jeweils ein Stück Brie-Käse. Zur vollen Stunde erreichen wir den Eiffelturm, der prompt anfängt minutenlang zu glitzern – was mich erst einmal von meinem Dessert, Profiteroles mit warmer Schokoladensoße, ablenkt. Ganz langsam führt der Weg zurück zum Triumphbogen, den wir noch einmal umkreisen. Ich fühle mich sehr zufrieden: Wir haben uns in inspirierender Atmosphäre satt gegessen – und satt gesehen.

WENN MAN SCHON MAL **HIER** IST:

Eines der ältesten englischen Pubs in Paris befindet sich am Fuß des Triumphbogens: Das **Sir Winston Churchill** □→ (sirwinston.fr) hat ein gediegenes Interieur und eine große Terrasse. Die Karte enthält Gerichte für den großen oder kleinen Hunger, wobei die Küche teils indisch inspiriert ist – neben Fisch- und Fleischgerichten gibt es Naan-Brot oder ein Lassi zum Nachtisch.

IN DER HAUT EINES BANKERS

IN DER CITÉCO KOMPLEXE ZUSAMMENHÄNGE SPIELEND VERSTEHEN

RECHTS DER SEINE-->

+ + + STECKBRIEF + + +

WO? 1 PLACE DU GÉNÉRAL CATROUX +++ METRO 2 MONCEAU, METRO 3 MALESHERBES +++ CITECO.FR +++ WANN? DIENSTAG BIS SONNTAG 14–18 UHR (LETZTER EINTRITT 17 UHR), SAMSTAG 14–19 UHR +++ WIE LANGE? 1 BIS 3 STUNDEN +++ WIE VIEL? 12 EURO, 18- BIS 25-JÄHRIGE 9 EURO, 6- BIS 17-JÄHRIGE 6 EURO, GRATIS FÜR UNTER 6-JÄHRIGE +++

EIN MUSEUM FÜR WIRTSCHAFT? Das klingt im ersten Moment nach einer trockenen Angelegenheit. Doch als ich vor dem ungewöhnlichen, schlossähnlichen Backsteinbau mit seinen Spitztürmen stehe, habe ich große Lust, ihn zu betreten. Auch im Innern präsentiert sich das neogotische Stadtpalais aus dem 19. Jahrhundert, eine ehemalige Bankfiliale, prachtvoll – mit beeindruckend hohen Wänden und Holzvertäfelungen, Steinkaminen und Säulen aus Marmor.
Mit dem traditionellen Dekor brechen die grellen Bilder, die an die Mauern projiziert werden, begleitet vom Sound klimpernder Geldmünzen. Auf einer Leinwand erscheint ein junger Mann und erklärt, um welche Fragen es hier gehen wird: Wozu dient eigentlich Geld, und was passiert, wenn eine Währung an Wert verliert? Was sind Kryptowährungen, und wie zahlt man mit Bitcoins?

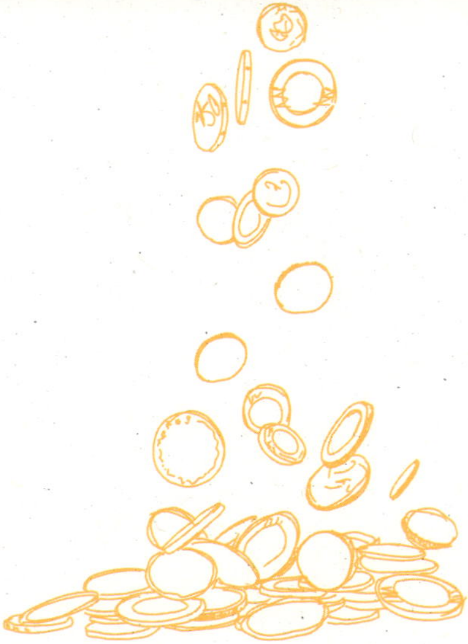

BALD MERKE ICH, dass wir Besucher nicht nur Informationen aufnehmen, sondern selbst aktiv werden sollen. So funktioniert das Konzept des Museums. Vor einer Art Spielautomat schlüpfe ich in die Haut eines Bankers: Ich habe eine bestimmte Geldsumme zur Verfügung, um Kreditanfragen zu beantworten. Wann gewähre ich ihn, wann lehne ich ab? Welches Risiko gehe ich ein? Ich handle instinktiv, und als ich kein Geld mehr habe, bescheinigt mir der Automat ein seriöses Haushalten – nicht schlecht für den Anfang.

Die nächste Station ist eine Waage, bei der sich mir die Chance bietet, ein für alle Mal das Zusammenspiel von Angebot und Nachfrage zu verstehen: In der Mitte herrscht Gleichgewicht, doch drücke ich auf die eine Seite, um die Nachfrage zu verringern, zeigt die Waage fallende Preise an. So einfach können wirtschaftliche Zusammenhänge sein. Oder?

Nicht immer, denn es gibt nicht nur eine Perspektive darauf, sondern diverse Theorien, vom Marxismus bis Keynes. In Videos stellen Ökonomen verschiedener Denkschulen ihre jeweiligen Positionen dar, etwa zu der Frage: Ist der Konsument vernünftig? Alle dargestellten Sichtweisen klingen nachvollziehbar – und wer hat nun recht? Jeder der Ansätze enthält wohl ein Stück Wahrheit.

ICH KOMME ZU EINEM VERHANDLUNGSSAAL, in dem schon ein paar andere Museumsbesucher vor Bildschirmen sitzen. Eine Mitarbeiterin bringt mich zu einem freien Platz und führt mich ein: Ich nehme für mein Land an einer internationalen Klimakonferenz teil, kann CO_2-Ausstoß-Zertifikate gegen Rohstoffe tauschen, muss dabei gleichzeitig internationale Vereinbarungen, nationale Klimaziele und mein Staatsbudget im Auge behalten. Ich lege los, erwerbe zwar fleißig Rohstoffe, aber mit meinem Klimaziel sieht es immer schlechter aus – bis ich es prompt verfehle. Werde ich künftig noch genauso auf die fehlende Tatkraft von Politikern in Sachen Umwelt schimpfen?

Zum Abschluss steige ich in den Keller hinab: Hier befindet sich der Tresorraum mit Währungen aus Gold und Silber, mit Talern und Münzen, teils Jahrtausende alt. An einem Automaten kann ich sogar meinen eigenen Geldschein gestalten, vom Wasserzeichen bis zur Illustration. Ich drücke auf »Drucken« und halte gleich danach ein Andenken an eine Wirtschaftslektion der besonderen Art in der Hand.

WENN MAN SCHON MAL **HIER** IST:

Von der Citéco sind es nur ein paar Schritte die Rue Georges Berger entlang bis zum **Parc Monceau** □→, einem der schönsten Parks von Paris, der von einem goldfarbenen Zaun umgeben ist. Wer will, lässt sich einfach auf einer der Bänke oder im Gras nieder oder sucht die Statuen von Frédéric Chopin und Guy de Maupassant. Zwischen den Bäumen stehen Nachbildungen ägyptischer Pyramiden, korinthischer Säulen und holländischer Windmühlen im Miniformat.

IN DER KATHEDRALE DES KONSUMS

EIN BLICK HINTER DIE KULISSEN DES TRADITIONSKAUFHAUSES PRINTEMPS

HAVRE-CAUMARTIN M

<--RECHTS DER SEINE

+ + + S T E C K B R I E F + + +

WO? ECKE BOULEVARD HAUSSMANN/RUE AUBER +++ METRO 7/9 RER A AUBER +++ PRINTEMPSFRANCE.COM +++ WANN? REGELMÄSSIGE FÜHRUNGEN AUF ENGLISCH WERDEN ANGEBOTEN UNTER CULTIVAL.FR/EN +++ WIE LANGE? 1.5 STUNDEN +++ WIE VIEL? ERWACHSENE 14.50 EURO, 9.50 EURO BIS 18 JAHRE +++

ALS ICH VOR DEM GEBÄUDE STEHE, nehme ich mir vor, nachher noch ausgiebig durch die neun Stockwerke zu schlendern. Schließlich gibt es hier, in einem der größten Kaufhäuser von Paris und sogar Europas, einfach alles. Oder fast alles. Doch erst mal bin ich mit Alicia verabredet, die unsere Gruppe durch die Verkaufsstätte führen wird – nicht zum Shopping, sondern damit wir etwas über die Geschichte des Printemps erfahren, die auch ein Stück Pariser Geschichte ist. Von außen strahlt das Hauptgebäude mit seinen Mosaiken und der Jugendstilkuppel aus Glas fast etwas Religiöses aus – dabei handelt es sich um einen sehr weltlichen Konsumtempel, der sich inzwischen über vier Gebäude erstreckt. Die Kuppel kam 1923 hinzu, während das Warenhaus selbst 1865 eröffnete. Schon damals mit dem Namen Printemps (Frühling) – ein Versprechen von Frische und Neuheit.

DIE DACHTERRASSE bietet einen Panoramablick auf Paris, der einen umwirft – und dorthin bringt uns Alicia als Erstes. Von Weitem können wir das Geschäftsviertel La Défense ausmachen, erspähen den Eiffelturm, den Invalidendom und die Alte Oper in der Nähe. Ein Stockwerk unter uns befindet sich ein Restaurant, wo man mit ebenfalls atemberaubender Aussicht auf die Stadt speisen kann – ein heißer Tipp, den wir uns geistig notieren. Doch auch auf den Verkaufsetagen läuft einem schnell das Wasser im Mund zusammen: Im achten Stock streifen wir durch die Feinkostabteilung und schauen sehnsüchtig auf all die Törtchen, aber Alicia schreitet strammen Schrittes voran. Es geht hinunter in den zweiten Stock und dort durch eine ebenso unscheinbare wie massive Tür, die nicht für Kunden gedacht ist. Sobald sie zufällt, verstummen die permanent plätschernden Kaufhausmelodien. Wir befinden uns hinter den Kulissen des Printemps in einem Treppenhaus mit bröckelndem Putz. Im Verborgenen rankt sich hier eine geschwungene Treppe im Art-déco-Stil, die wohl nur Eingeweihte verwenden, unter ihnen nun auch wir. Der Handlauf am Geländer fehlt – er ging bei einer Renovierungsaktion verloren, verrät Alicia.

WIR STEIGEN DIE TREPPE HINAB ins dritte Untergeschoss, das einen scharfen Kontrast zu den glänzenden Marmorböden des lichtdurchfluteten Warenhauses bildet: Es dient den Mitarbeitern dazu, schnell zwischen den Gebäuden des Printemps zu wechseln, ohne nach draußen zu müssen. Damit sie sich in den labyrinthischen Gängen zurechtfinden, sind die Namen der oben verlaufenden Straßen darin angebracht. Außerdem befinden sich hier, unsichtbar für Kunden, die Werkstätten von rund 40 Handwerkern, vom Schloss- bis zum Spiegelmacher, um Aufträge direkt auszuführen. Schlussverkauf-Schilder und nackte Schaufensterpuppen stehen herum, eigentlich nicht für die Augen Außenstehender gedacht – aber wir sind Außenstehende mit besonderem Zugang und fühlen uns privilegiert. Zuletzt fahren wir in den sechsten Stock hinauf zur Brasserie, über die sich die spektakuläre, 16 Meter hohe Glaskuppel wölbt. An dieser Stelle endet Alicias Führung; jetzt können wir entweder die Brasserie testen oder uns, versorgt mit exklusiven Insider-Infos, ins Shopping-Paradies stürzen.

WENN MAN SCHON MAL **HIER** IST:

Die Kaufhäuser Printemps und **Galeries Lafayette** □→ (40 Boulevard Haussmann) sind wie zwei Schwestern, die heftig miteinander rivalisieren. Sie stehen nebeneinander, haben beide eine lange Tradition und ein ähnliches Angebot – von Mode über Accessoires bis zur Feinkost. Selbst die Aussicht von beiden Terrassen ist vergleichbar großartig. Und auch in den Galeries Lafayette, die im Ausland noch bekannter sind, können Shopping-Begeisterte Stunden verbringen.

STADTTOUR MIT DER METROLINIE 6

BESICHTIGUNG AUS LUFTIGER HÖHE IM OBERIRDISCH VERLAUFENDEN STRECKENABSCHNITT

+++ STECKBRIEF +++

WO? PLACE CHARLES-DE-GAULLE +++ METRO 6 CHARLES DE GAULLE-ÉTOILE +++ WANN? TAGSÜBER, SO LANGE ES HELL IST +++ WIE LANGE? ETWA 30 MINUTEN +++ WIE VIEL? 1,90 EURO FÜR EIN METROTICKET +++ WICHTIG! AM BESTEN NICHT ZU DEN STOSSZEITEN MORGENS UND ABENDS EINSTEIGEN, UM MEHR PLATZ ZU HABEN! +++

DIE METRO IST für Pariserinnen und Pariser das Fortbewegungsmittel par excellence: schnell, verlässlich, mit gut ausgebauten Strecken. Wurden die ersten Linien zur Weltausstellung 1900 eröffnet, handelt es sich heute um eines der größten U-Bahn-Netze weltweit mit insgesamt 220 Kilometern und 16 Linien. Einige davon verlaufen zum Teil oberirdisch, und so bietet sich das, was man bei einer Fahrt mit der Metro am wenigsten erwarten würde: eine grandiose Aussicht. Für eine supergünstige Stadttour eignet sich besonders die Linie 6, die oft den Untergrund verlässt.

Ich suche mir einen Platz im geräumigen Stehbereich, um gegebenenfalls zwischen beiden Seiten wechseln zu können. Wer bei Charles-de-Gaulle–Étoile oder kurz danach einsteigt und damit Richtung Osten fährt, setzt sich ansonsten am besten auf die rechte Seite – da gibt es mehr zu sehen.

GLEICH NACH DER HALTESTELLE PASSY geht es hoch hinaus: Der Blick wandert über das traditionell schicke 16. Arrondissement, in dem überwiegend die Reichen und Schönen in ihren eleganten Stadthäusern leben. Wir fahren auf die Seine zu; von Weitem blitzt der Eiffelturm herüber. Es rumpelt und zuckelt und geht so schnell, dass ich mein Handy gerade noch rechtzeitig für ein Foto des Pariser Wahrzeichens zücken kann, bevor wir schon wieder daran vorbei sind. Nach Überquerung des Flusses befinden wir uns im 15. Arrondissement, dem bevölkerungsreichsten der Stadt. Auch hier schaue ich fasziniert aus der Vogelperspektive auf hohe Häuser, Geschäfte, Cafés. Erst seit 1860 gehört dieser Bezirk zu Paris. Vorher handelte es sich überwiegend um Dörfer außerhalb der Stadtgrenze, und ein bisschen ist das an der weniger urbanen Atmosphäre noch spürbar. Ein Akkordeonspieler steigt zu, der uns mit populären Melodien unterhält – ich erkenne einen Klassiker von Serge Gainsbourg – und schon bald mit seinem Hut die Runde macht. Da ich mich über die musikalische Begleitung der Fahrt gefreut habe, lege ich etwas Kleingeld hinein. Er bedankt sich mit einer kleinen Verbeugung. Bei der Station Pasteur geht es vorerst wieder ab unter die Erde, und ich setze mich kurz hin, um meine Beine auszuruhen.

ALS WIR WENIG SPÄTER wieder ins Freie fahren, befinden wir uns im 5. Arrondissement, einer aparten Gegend mit eleganten Häusern, in der viele Bäume entlang der Boulevards wachsen. Kurz nach dem Halt Place d'Italie spielt die Musik eher rechts – mit einer beeindruckenden Abfolge von riesigen Street-Art-Kunstwerken an hohen Hauswänden: rosa Blüten, Porträts, Figuren, die überraschend auftauchen und teilweise komplette Gebäude einnehmen. Ich staune über so viel Graffiti-Kunst, die aus einem Viertel mit grauen Hochhäusern eine Art buntes Museum unter freiem Himmel macht. Kurz darauf geht es über Bahngleise, und wir überqueren ein zweites Mal die Seine. Links steht das bauklotzhafte Gebäude des Wirtschaftsministeriums Bercy, doch der interessante Teil der Strecke ist vorbei. Eigentlich ging mir alles ein bisschen zu schnell, und ich habe Lust, mir den Eiffelturm, die Straßenkunstwerke und überhaupt Paris von oben noch einmal anzusehen. Also steige ich bei der Station Bercy um, wechsle, ohne ein neues Ticket lösen zu müssen, die Richtung – und erlebe meine Stadttour ein zweites Mal.

WENN MAN SCHON MAL **HIER** IST:

Im Geschäft **Publicis Drugstore** □→ (133 Avenue des Champs-Élysées, Metro 1/2/6 Charles de Gaulle–Étoile) wird eine ungewöhnliche Mischung an Waren angeboten, von Geschenkartikeln über die Pâtisserie des Starkonditors Pierre Hermé und Zigarren bis zu Wein. Wem die Preise in dieser prominenten Lage zu hoch sind, der besichtigt einfach nur das helle Glasgebäude des Architekten Michele Saee. Übrigens: Saee hat auch die Glaspyramide vor dem Louvre gestaltet.

OPERNREIFE FÜHRUNG

EIN BESUCH IM PALAIS GARNIER

+ + + S T E C K B R I E F + + +

WO? PLACE DE L'OPÉRA +++ METRO 3/7/8 OPÉRA +++ OPERADEPARIS.FR +++ WANN? REGELMÄSSIGE FÜHRUNGEN AUF ENGLISCH. RESERVIERUNG AUF OPERADEPARIS.FR/EN/VISITS/PALAIS-GARNIER +++ WIE LANGE? 1.5 STUNDEN +++ WIE VIEL? 18 EURO +++ WICHTIG! AUCH OHNE FÜHRUNG IST EIN BESUCH MÖGLICH – MIT AUDIOGUIDE. TÄGLICH VON 10 BIS 18 UHR. EINTRITT 14 EURO. FÜR 12- BIS 25-JÄHRIGE 10 EURO. FÜR UNTER 12-JÄHRIGE GRATIS +++

ZWAR HATTE ICH GAR KEINE Aufführung in der Alten Oper gebucht. Dass sich mein Besuch aber wie eine Vorstellung anfühlt, ist William, unserem Guide, zu verdanken. Er liebt es, seine kraftvolle Stimme durch die hohen Räume des neobarocken Gebäudes tönen zu lassen. Der Vorraum mit seinen spektakulären, geschwungenen Ornamenten an Decke und Wänden und den Säulen in griechischem Stil eignet sich ideal für ein ordentliches Echo. Hier hat sich auch der Architekt Charles Garnier namentlich verewigt, mittig über unseren Köpfen. »Garnier gestaltete nicht nur einen Raum, sondern ein Kunstwerk, das er signierte wie ein Künstler«, erklärt William. Die 1875 eröffnete Alte Pariser Oper, das Palais Garnier, war stets auch ein Ort des Sehens und Gesehenwerdens für die »Crème de la Crème« der Pariser Gesellschaft.

DESHALB STEHT UNSERE GRUPPE, als wir gleich im Anschluss in die glamouröse Eingangshalle kommen, zuerst vor einem Spiegel: Hier kann man noch einmal prüfen, ob alles richtig sitzt. Der Blick die geschwungene Treppe hinauf ist überwältigend! Der allgegenwärtige Marmor, der aus der ganzen Welt herbeigeschafft wurde und bereits seinerzeit als extrem wertvoll galt. Die vergoldeten Leuchter, von denen es herabstrahlt. Wir stehen in ehrfürchtigem Staunen. »Das ist kein Opernhaus. Das ist ein weltliches Notre-Dame«, so urteilte der Schriftsteller Victor Hugo.

Nachdem wir die Treppe hinaufgeschritten sind und all die Pracht bewundert haben, dürfen wir ins Auditorium mit seinen roten Samtsesseln und nehmen direkt in den vordersten Rängen Platz. Die einzige Vorstellung, die läuft, wird von William gegeben, doch dank seiner Anekdoten ist sie äußerst aufschlussreich. Wie jene Geschichte, dass früher während der Aufführungen die Lichter anblieben – und das nicht nur, damit man neben dem Geschehen auf der Bühne die anderen Besucher und die Dekolletés der Frauen sehen konnte. Immer wieder waren im Dunkeln an den Stehplätzen Menschen erstochen worden, die Täter hatten unentdeckt entkommen können.

SCHLIESSLICH WEIST UNS William auf das Deckengemälde hin, das Marc Chagall gestaltet hat. Mit seinen bunten Farben und naiv wirkenden Zeichnungen bildet es einen erfrischenden Kontrast zum überladen wirkenden Saal; dabei schied dieser Stilbruch 1964 die Geister. Und doch, so William, rettete er die Oper, die mangels Besuchern kurz vor dem Bankrott stand. Nun zog es viele wieder her, nur um die Decke sehen und bei der hitzigen Diskussion darüber mitreden zu können.

Das ursprüngliche Deckengemälde, das in einer Kunstgalerie vor Ort ausgestellt ist, bekommen wir auch zu sehen. Schließlich erreichen wir eine Art Festsaal mit knarzendem Parkettboden, pompösem Wandschmuck und einer Büste des Architekten Garnier. Hier verbringen die Opernbesucher die Pausen. Viel Beeindruckendes haben wir in den letzten eineinhalb Stunden gesehen – nur das Phantom, das der Legende nach den unterirdischen See befährt, bekamen wir nicht zu Gesicht. Aber dass es dort verborgen bleibt, ist vielleicht auch besser so.

WENN MAN SCHON MAL **HIER** IST:

Der Besuch einer **Opernaufführung** □→ ist ein besonderes Erlebnis, wenn auch nicht gerade günstig, und die Karten sind oft lange im Voraus ausverkauft. Aber es besteht die Chance auf ein Last-Minute-Ticket für einen Platz in Kategorie 6 – mit eingeschränkter Sicht, aber zum unschlagbaren Preis von zehn Euro. Es genügt, sich am Tag der Vorstellung direkt am Schalter anzustellen, nachzufragen – und etwas Glück zu haben.

WENN MAN SCHON MAL RECHTS DER SEINE IST

+++ SEHEN +++
+++ ESSEN +++
+++ AUSGEHEN +++
+++ SHOPPEN +++
+++ SCHLAFEN +++

2

SEHEN

CHAMPS-ÉLYSÉES

»Oh, Champs-Élysées ...«, heißt es in dem alten Schlager, eine Hommage auf die berühmte Pariser Pracht-Avenue, die vom Place de la Concorde bis hinauf zum Triumphbogen reicht, fast zwei Kilometer lang und 70 Meter breit. Sie zumindest einmal ein Stück entlangzuschlendern, das gilt eigentlich als Muss für jeden Paris-Besucher, auch wenn die Autos an einem vorbeidonnern und nur noch große Marken und Ketten ihre Läden an dieser teuren Adresse haben. Besonders empfehlenswert ist ein Gang über die Champs-Élysées immer am ersten Sonntag des Monats, wenn sie zwischen 10 und 18 Uhr für den Autoverkehr gesperrt und die meisten Geschäfte geöffnet sind: Dann gehören sie Fußgängern, Rad- und Rollerfahrern und werden zu einer der größten Flaniermeilen von Paris.

+++ AVENUE DES CHAMPS-ÉLYSÉES +++ METRO 1/13 CHAMPS-ÉLYSÉES-CLÉMENCEAU +++

TRIUMPHBOGEN

Der Triumphbogen ist nicht nur ein historisches Denkmal, das seit seiner Fertigstellung 1836 zu den wichtigsten Pariser Wahrzeichen gehört – mit der ewigen Flamme über dem Grab des unbekannten Soldaten. Die Aussichtsplattform bietet darüber hinaus auch einen besonders beeindruckenden Blick auf die Stadt bis hinüber zum Geschäftsviertel La Défense.

+++ PLACE CHARLES-DE-GAULLE +++ METRO 1/2/6 CHARLES DE GAULLE - ÉTOILE +++ PARIS-ARC-DE-TRIOMPHE.FR +++ TÄGL. 10-22 UHR +++ EINTRITT 12 EURO, 9 EURO FÜR ALLE EUROPÄISCHEN LEHRKRÄFTE UND ALLE UNTER 26-JÄHRIGEN EUROPÄER, GRATIS FÜR ALLE UNTER 18-JÄHRIGEN +++

MUSÉE GALLIERA

Wie könnte Paris, die Stadt der Mode, ohne ein eigenes Modemuseum sein? Schon das Stadtpalais, in dem es sich befindet, ist sehr sehenswert. Das gilt auch für die wechselnden Ausstellungen, in denen die Geschichte der Mode nachgezeichnet wird oder Prachtstücke im Original gezeigt werden – Kostüme, Einzelanfertigungen berühmter Couturiers und manchmal auch echte Kuriositäten aus Stoff.

+++ 10 AVENUE PIERRE 1ER DE SERBIE +++ METRO 9 IÉNA +++ PALAISGALLIERA.PARIS.FR +++ DI-SO 10-18 UHR, DO 10-21 UHR +++ EINTRITT 14 EURO, 12 EURO FÜR 18- BIS 26-JÄHRIGE, GRATIS FÜR UNTER 18-JÄHRIGE +++

MUSÉE JACQUEMART-ANDRÉ

In dem eleganten Stadtpalais aus dem 19. Jahrhundert befindet sich die bedeutsame Kunstsammlung des Ehepaars Nélie und Édouard Jacquemart-André, das zu Lebzeiten hier gewohnt hat. Die Dauerausstellung zeigt Werke aus der italienischen Renaissance, von flämischen Künstlern wie Rembrandt und van Dyk und französische Kunst des 18. und 19. Jahrhunderts. Daneben gibt es wechselnde Sonderausstellungen.

+++ 158 BOULEVARD HAUSSMANN +++ METRO 9/13 MIROMESNIL +++ MUSEE-JACQUEMART-ANDRE.COM +++ DI–DO/SA–SO 10–19.30 UHR, MO BIS 20.30, FR BIS 18 UHR +++ EINTRITT 17 EURO, 10 EURO FÜR 7- BIS 25-JÄHRIGE +++

PALAIS DE TOKYO

Ein Muss für alle Liebhaber moderner Kunst! Das Palais de Tokyo versteht sich selbst dabei als untypisches »Anti-Museum«, das durch seine labyrinthischen Ausstellungsgänge und ungewöhnlichen Performances neue Wege aufzeigen will. Besonders zu empfehlen ist bei warmen Temperaturen die Bar mit einer Terrasse, die einen tollen Blick auf die Seine und den Eiffelturm auf der anderen Seite des Flusses bietet.

+++ 13 AVENUE DU PRÉSIDENT WILSON +++ METRO 9 IÉNA +++ PALAISDETOKYO.COM +++ MI–MO 10–19 UHR +++ EINTRITT 12 EURO, 9 EURO FÜR 18–25-JÄHRIGE, STUDENTEN UND SENIOREN, GRATIS FÜR UNTER 18-JÄHRIGE +++

WAGON BLEU

Lust auf ein Essen in einem Original-Waggon des Orient Express aus dem Jahr 1925, nur ohne Mord? Hier gibt es Burger, Salate und korsische Spezialitäten zu fairen Preisen (Gerichte für 15 bis 20 Euro).

+++ 7 RUE BOURSAUL +++ METRO 2 ROME +++ WAGONBLEU.FR +++ +33 145 22 35 25 +++ MO-SA 17.30-0.30 UHR, SO 12-0.30 UHR +++

LE JARDIN DU PETIT PALAIS

Hübscher Museumsgarten, in dem man etwas trinken kann – oder im Restaurant im ersten Stock etwas essen. Für ein Hauptgericht sollte man etwa 25 Euro einrechnen.

+++ 1 AVENUE DU PETIT PALAIS +++ METRO 1/13 CHAMPS-ÉLYSÉES – CLÉMENCEAU +++ +33 140 07 11 41 +++ DI-DO 10-17 UHR, FR 10-19 UHR, SA/SO 10-17 UHR +++

RAN PARIS

Eine Liaison aus französischer und japanischer Küche ist der Renner in Paris, und besonders gelingt sie in diesem stylisch renovierten Stadtpalais. Empfehlenswert ist der mit der Robatayaki-Methode gegrillte Fisch.

+++ 8 RUE D'ANJOU +++ METRO 8/12/14 MADELEINE +++ RAN-PARIS.COM +++ +33 140 17 04 77 +++ MO-FR 12-14.30 UHR UND 19.30-23 UHR, SA 19.30-23 UHR +++

PARIS FOLLIE'S

Ein gemütliches Lokal wie dieses, das großzügige Portionen zu erschwinglichen Preisen anbietet, ist in dieser noblen Gegend selten. Die meisten Gerichte vom Brathähnchen bis zum Riesen-Salat kosten um die 10 Euro.

+++ 74 AVENUE KLÉBER +++ METRO 6 BOISSIÈRE +++ +33 183 56 38 18 +++ TÄGLICH 8.30-23 UHR +++

AUSGEHEN

CAFÉ DE LA PAIX

Historisches, sehr elegantes und stimmungsvolles Café – das schlägt sich in den Preisen nieder. Wem das Essen zu teuer ist, der kommt für ein Gläschen Wein.

+++ 5 PLACE DE L'OPÉRA +++ METRO 3/7/8 OPÉRA +++ CAFEDELAPAIX.FR +++ +33 140 07 36 36 +++ TÄGL. 12–15 UHR UND 18–23.30 UHR +++

LE BŒUF SUR LE TOIT (MUSIC HALL)

In diesem zum Restaurant gehörenden Konzertsaal mit toller Atmosphäre gibt es montags Jazz, dienstags Comedy, mittwochs Karaoke und die restlichen Abende wechselnde Musikveranstaltungen.

+++ 34 RUE DU COLISÉE +++ METRO 19 SAINT-PHILIPPE-DU-ROULE +++ BOEUFSURLETOIT.COM +++ MO–SA 12.30–14.30 UHR UND 19.30–2 UHR +++

SHOPPEN

EKYOG

Die Kette Ekyog bietet Mode aus unbehandelten Naturstoffen, die auch noch gut aussieht. Schnäppchen gibt es zweimal im Jahr im Schlussverkauf – oder hier im Outlet.

+++ 30 RUE TRONCHET +++ METRO 3/12/13/14 SAINT-LAZARE +++ EKYOG.COM +++ MO–SA 10.30–19.30 UHR +++

NATURE ET DÉCOUVERTES □↑

Einer jener verführerischen Läden, in denen man etwas entdeckt, von dem man gar nicht wusste, wie sehr man es brauchte: Duftstäbchen, eine Bio-Creme, eine recycelbare Lunchbox, solche Dinge.

+++ 109 RUE SAINT-LAZARE +++ METRO 3/12/13/14 SAINT-LAZARE +++ NATUREETDECOUVERTES.COM +++ MO-SA 10-20 UHR, SO 11-19 UHR +++

SCHLAFEN

HIDDEN HOTEL

Eine Badewanne mit steinerner Verkleidung, ein Waschbecken aus Marmor, stylische Metalltische, Stühle aus Bambus – die Innendekorateure haben mit sicherem Gespür verschiedene Materialien, Formen und Farben kombiniert, um jedem Zimmer einen eigenen Charakter zu verleihen. DZ ohne Frühstück ab 140 Euro.

+++ 28 RUE DE L'ARC DE TRIOMPHE +++ METRO 2 TERNES +++ HIDDEN-HOTEL.COM/DE +++ +33 140 55 03 57 +++

HÔTEL DU TRIANGLE D'OR

Ein Wohlfühlort für Musikfans! Fünf Musiker, darunter der Rapper MC Solaar und die US-Sängerin Rickie Lee Jones, gestalteten die Zimmer mit – und die sind äußerst individuell und originell. Wer früh bucht, kann in diesem Hotel mit Spa ein DZ ab 90 Euro (ohne Frühstück) ergattern.

+++ 6 RUE GODOT DE MAUROY +++ METRO 8/12/14 MADELEINE +++ HOTELDUTRIANGLEDOR.COM +++ +33 147 42 25 05 +++

3 MARAIS

+++ ERLEBEN +++

RUE DES ROSIERS

<--MARAIS
BOULEVARD SAINT-MARTIN
DIE SEELISCHEN UNTIEFEN EINER ECHTEN PARISERIN
80
TEMPLE M
RUE DE TURBIGO
RUE RÉAUMUR
RUE DU TEMPLE
RUE DE BRETAGNE
RUE BEAUBOURG
M RAMBUTEAU
CENTRE GEORGES POMPIDOU
90
RUE RAMBUTEAU
RUE DES ARCHIVES
RUE VIEILLE DU TEMPLE
RUE DES FRANCS BOURGEOIS
PLACE DE L'HOTEL DE VILLE
92
HÔTEL DE VILLE
M
RUE DE RIVOLI
MOHNSTRUDEL IM MARIS
84
RUE SAINT-ANTOINE
ERKUNDUNGSTOUR MIT DER NASE
72
76
EIN FEST FÜR NASCHKATZEN
M
SAINT-PAUL
QUAI DE L'HÔTEL DE VILLE
SEINE
POINT LOUIS PHILIPPE

HEISST ES VON PARIS, die Stadt sei ein einziges Freiluftmuseum, so ist das Marais wohl eine der faszinierendsten Abteilungen dieses Museums, ja eigentlich eine Freiluft-Sehenswürdigkeit für sich. Unvorstellbar erscheinen mittlerweile die Zeiten, als die Menschen hier ihren Müll aus dem Fenster kippten und die Häuser düster und heruntergekommen waren.

HEUTE IST DAS MARAIS als Szeneviertel mit angesagten Bars und Boutiquen, als Zentrum der LGBT-Szene und zugleich als historisches jüdisches Viertel einer der interessantesten, schönsten und hippsten Stadtteile, der zu jeder Tages- und Nachtzeit Besucher anzieht.

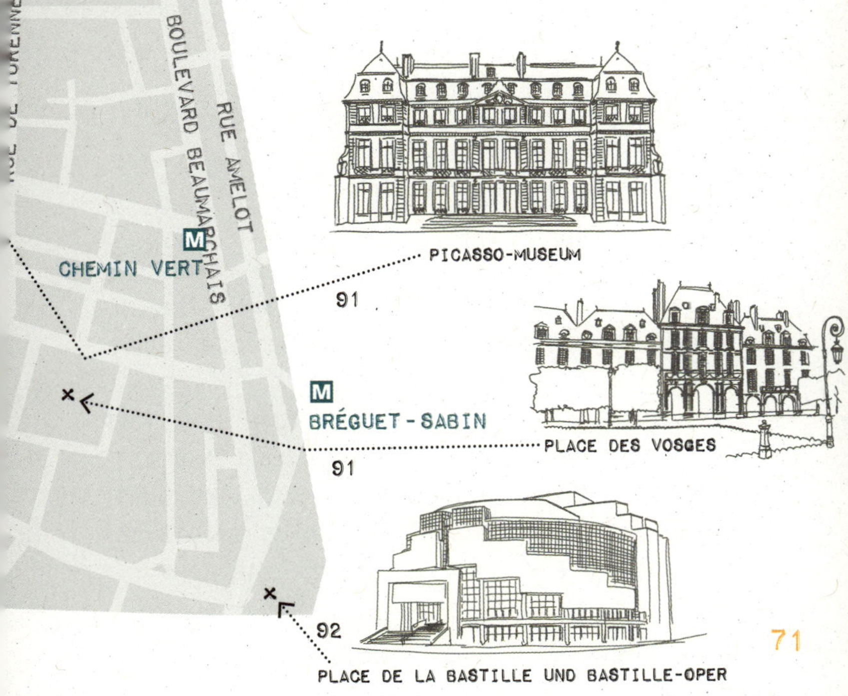

3 MARAIS

ERKUNDUNGSTOUR MIT DER NASE

EIN BESUCH BEI DREI KLEINEN, KREATIVEN PARFÜMERIEN

+ + + STECKBRIEF + + +

WO? HÔTEL DE JOBO, 10 RUE D'ORMESSON +++ METRO 1 SAINT-PAUL +++ WANN? NACH TERMINABSPRACHE IN ENGLISCH +++ RENDEZVOUSPARFUM.FR +++ WIE LANGE? 2,5 STUNDEN +++ WIE VIEL? 45 EURO +++ WICHTIG! ES GIBT AUCH EINE TOUR MIT GRÖSSERER GRUPPE IN EINEM ANDEREN STADTVIERTEL, DIE KÜRZER (1,5 STUNDEN) UND GÜNSTIGER (17 EURO) IST UND IN DER ES UM DIE GESCHICHTE DES PARFÜMS IN FRANKREICH GEHT +++

ICH BILDE MIR EIN, einen ganz guten Geruchssinn zu haben. Jetzt steht der ultimative Test an: Gelingt es mir, bestimmte Duftnoten zu identifizieren? Mit wissendem Lächeln stellt Sophie Glasbehälter auf den Tisch, deren Inhalt es gleich zu erschnuppern gilt. Außerdem reiht sie Duft-Teststreifen nebeneinander auf, die sie vorher in verschiedene Essenzen getunkt hat. Die Parfümkennerin hat sich mit ihren Parfümtouren selbstständig gemacht, denen ein kleiner »Grundkurs« vorangeht. Weil das Wetter ungemütlich ist, treffen wir uns im ruhigen Café eines Hotels anstatt, wie bei Sonnenschein, in einem kleinen Park. Die zartrosa und violett schimmernden Steinchen im ersten Behälter weiß schon das Auge nicht einzuordnen – die Nase erst recht nicht! Sophie klärt uns auf: Weihrauch-Harzperlen sind es!

SCHON DIE ALTEN ÄGYPTER benutzten getrockneten Harz, um ihr Gebet mit duftendem Rauch hinauf zu den Göttern zu schicken – vom Ausdruck »per fumum«, »durch Rauch«, kommt das Wort Parfüm. Dieses ist in Form einer Duftpyramide aufgebaut und besteht aus einer Kopf-, Herz- und Basisnote, die sich unterschiedlich schnell verflüchtigen. Wir riechen an jeweils zwei Parfümstreifen, die vor Stunden besprüht wurden, wobei einer seither in einer schützenden Plastikhülle lagerte. Der Unterschied ist verblüffend – beim ersten ist der Duft blumig-intensiv, beim zweiten irgendwie rauer, würziger. Aber wie genau lässt sich das am besten beschreiben? »Es ist nicht leicht, Worte für Gerüche zu finden«, bestätigt uns Sophie. Das stelle ich auch fest, als wir Orangenblüten, Tonkabohnen und Iris mit der Nase erkunden. Und genauso wird es mir gleich bei unserer Tour durch drei kleine Parfümerien gehen. Sie sind kreative Nischen fernab der großen Marken, ist doch gerade das Marais-Viertel laut Sophie ein »Spielplatz für Parfüm-Liebhaber«. In dem toben wir uns jetzt aus, angefangen bei *Parle moi de Parfum* (10 Rue de Sévigné), dessen Gründer Benjamin der Sohn des berühmten Parfümeurs Michel Almairac ist.

BEIM DURCHPROBIEREN erkenne ich in einem Duft die Orangenblüte wieder, Sophie ergänzt: »Genau, süß, vanillig, wie ein Besuch beim Bäcker.« Fast zum Reinbeißen ist auch ein Sommerduft aus Lavendel, Wasser- und Honigmelone. »Wie geht's der Nase?«, erkundigt sich Sophie später auf dem Weg zu den *Editions de Parfums Frédéric Malle* (13 Rue des Francs Bourgeois). Hier dürfen sich die beauftragten Parfümeure frei entfalten, und ich verliebe mich in den Duft »Eau d'hiver« (Winter-Wasser). Ein Preisetikett ist nicht dran, aber die Tour soll uns auch gar nicht unbedingt zum Shopping verleiten. Weiter geht es in den Szeneladen *État Libre d'Orange* (69 Rue des Archives). So schräg wie die Einrichtung mit dem knallroten Sofa und dem Hirschgeweih sind die Düfte. »Like this« riecht nach Karotte und Ingwer, »Jasmin & Cigarette« nach dem, was sein Name verheißt. Mir wird klar, wie riesig das Universum der Düfte ist. Und ich sprühe mir rasch noch »Putain des Palaces« (Palast-Schlampe) auf das Gelenk, um mal ganz anders zu riechen, nämlich wie ein pudriges Schminktäschchen.

WENN MAN SCHON MAL **HIER** IST:

Es erscheint zunächst zwar rätselhaft, wie man diese Zitronentarte mit ihrer enormen Baiser-Haube einigermaßen elegant in den Mund verfrachten soll, aber die Masse ist so fluffig leicht, dass sich das Problem schnell löst. Die Tarte gehört zu den Spezialitäten des Cafés **Le Loir dans la Théière** ⇨ (3 Rue des Rosiers), das auch Salziges und Brunch anbietet. Erreichbar ist es von der Rue des Archives Richtung Süden über die Rue des Blancs Manteaux.

EIN FEST FÜR NASCHKATZEN

STREIFZUG DURCH DIE SCHOKOLADENGESCHÄFTE DES MARAIS

+ + + STECKBRIEF + + +

+++ WO? 2 RUE DES ROSIERS, 17 RUE VIEILLE DU TEMPLE, 109 RUE SAINT-ANTOINE +++ METRO 1 SAINT-PAUL +++ CLUIZEL.COM, EDWART.FR, ATELIERDUCHOCOLAT.FR +++ WANN? PETITE MANUFACTURE MICHEL CLUIZEL: MI-SO 11.30-13.30 UHR UND 14.30-19 UHR, EDWART CHOCOLATIER: TÄGLICH 11-20 UHR, ATELIER DU CHOCOLAT: MO-SA 10-20 UHR UND SO 11-19 UHR +++ WIE LANGE? ETWA 1,5 STUNDEN +++ WIE VIEL? 10 BIS 20 EURO, JE NACH KAUFLUST +++

ALS ICH AN DIESEM HEISSEN Sommertag die Türe der Petite Manufacture Michel Cluizel hinter mir schließe, atme ich durch: Hier herrscht angenehme Kühle. Die Pralinen sollen ebenso wenig der Hitze ausgesetzt sein wie die Besucher. Großformatige Fotografien von Schokoladenstücken hängen an der Wand. Daneben fließt beständig flüssige Schokolade in einen modernen Wandbrunnen. Sie glänzt appetitlich. »Essen kann man sie aber nicht!«, warnt die junge Verkäuferin im Laden, die Englisch spricht. Dafür liegen in der Vitrine Pralinen aus dunkler und Milchschokolade aus. Ich beginne, die Beschreibungen zu studieren, denn ich möchte eine Schachtel mit verschiedenen Geschmacksrichtungen kaufen. Es gibt sie mit einer Praliné-Füllung und einer aus Ganache, einer Mischung aus Kuvertüre und Rahm. »Robinson« ist mit Kokosstreuseln und einem Kakaoanteil von 70 Prozent, »Pralin« mit Mandel- und Haselnuss-Splittern. Die Sorte wähle ich, als die junge Frau fragt, welche ich probieren will.

MEINE ZÄHNE TAUCHEN in die weiche Kakaomasse mit knusprigen Nussstückchen. Die Verkäuferin bietet mir auch noch »Crémier salant« mit einer Karamellganache an, ich probiere in kleinen Happen und schließe dabei die Augen. »Machen Sie mir einfach eine Auswahl mit zwölf Stück zurecht«, bitte ich sie schließlich.
Der Schokoladenfabrikant Michel Cluizel stammt aus der Normandie und hat inzwischen fünf Läden in Paris, einen davon im Marais. Das Viertel zählt immerhin ein knappes Dutzend Schokoladenhersteller. Drei von ihnen besuche ich heute – ein Fest für eine Naschkatze wie mich, denn wer hier Schokolade kauft, darf sie vorher probieren. Seit ich beim Film *Chocolat* mit Juliette Binoche und Johnny Depp regelrecht dahingeschmolzen bin, verorte ich gute Schokolade in Frankreich. Weiter geht es also die Rue des Rosiers entlang und links in die Rue Vieille du Temple, wo sich auf der rechten Seite der relativ neue Laden Edwart befindet. Im vorderen Verkaufsraum liegen fertige Boxen, im hinteren wartet ein junger Mann mit einer Zange vor einer Auswahl von 23 Pralinensorten – manche haben einen grünen Überzug (Minze), andere einen gelben (Vanille). »Welchen Typ von Schokolade mögen Sie?«, fragt er. Meine recht unpräzise Antwort »alle« bringt ihn zum Schmunzeln. Er reicht mir drei Stück auf einem Tellerchen.

»BUSH SAUVAGE« hat einen starken und doch angenehmen Beigeschmack von Pfeffer, bei »Jiang« entdecke ich eine Ingwernote und »Mille et une nuit«, »Tausendundeine Nacht«, schmeckt nach Mandeln und Sesam – überraschend und köstlich. Auch hier lasse ich mir eine Box zusammenstellen. Ich habe immer noch Lust auf Schokolade, als ich links in die Rue Saint-Antoine einbiege, wo das Atelier du Chocolat liegt. Hier gibt es neben Schokokugeln und Pralinen große Platten, wahlweise mit Mandelplättchen oder weißer Schokolade verziert. Wer mag, kann vormittags ihre Herstellung direkt im Geschäft beobachten. Dafür bin ich heute zu spät dran, nicht aber zum Probieren. Als ich die Verkäuferin nach der Spezialität des Hauses frage, bricht sie mir ein Stück von der Sorte »Ticul« ab – mit 71 Prozent Kakaoanteil und einer angenehm weichen Note. Ich lasse mir etwas von diesem Schokoladenbruch in eine Tüte geben und bringe meine Schätze nach Hause, um sie in einem kühlen Raum – nicht im Kühlschrank, wie man mir gesagt hat! – aufzubewahren. Auch wenn eine lange Lagerung, das weiß ich jetzt schon, nicht nötig sein wird.

WENN MAN SCHON MAL **HIER** IST:

Wer von der Place des Vosges aus, dem schönsten und zugleich zentralen Platz des Marais, die Rue de Béarn in Richtung Norden geht, stößt direkt auf die Rue Saint-Gilles und in der Nummer 12 auf die **Polka Galerie** □→. Es handelt sich um einen Showroom der legendären Fotoagentur Polka, in dem wechselnde Ausstellungen von Fotografen gezeigt werden – Landschaften, Porträts, Stillleben. Der Besuch (Di–Sa 11–19 Uhr) ist lohnenswert und gratis!

DIE SEELISCHEN UNTIEFEN EINER ECHTEN PARISERIN

ONE-WOMAN-SHOW MIT DER KOMIKERIN JULIE COLLAS

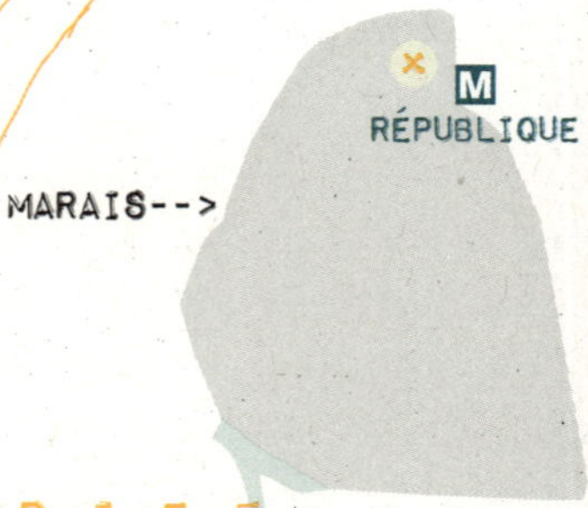

+++ STECKBRIEF +++

WO? »OH MY GOD! SHE'S PARISIAN!«, THÉÂTRE BO, 19 BOULEVARD SAINT-MARTIN +++ METRO 3/5/8/9/11 RÉPUBLIQUE +++ WANN? SAMSTAGS UM 20 UHR +++ JULIE-COLLAS.COM +++ WIE LANGE? 1 STUNDE +++ WIE VIEL? 24 EURO, FÜR STUDENTEN UND UNTER 26-JÄHRIGE 18 EURO +++

SO SIEHT ALSO DER TYP FRAU AUS, aus dem gern ein Mythos gemacht wird: die Pariserin. Klein, zierlich, mit Baskenmütze und gestreiftem Matrosenhemd – und jedes englische Wort, das sie ausspricht, versieht sie mit einem gewaltigen französischen Akzent. Julie Collas, die früher lange in London und New York lebte, hat ihn sich antrainiert, um noch authentischer zu wirken, wenn sie für ihr einstündiges Showprogramm auf die Bühne tritt. Mal zielt sie auf die legendäre Unfreundlichkeit ihrer Landsleute ab: »Wer in der Metro lächelt, dem wird ein mentales Problem diagnostiziert!« Dann wieder gibt sie Einblick in die bewährteste und auch von ihr selbst praktizierte Erziehungsmethode einer typischen Pariser Mutter, die darin bestehe, dem Gör mit einem gepfefferten »Fuck off!« seine Grenzen aufzuzeigen.

INSTINKTIV HABE ICH mich in dem kleinen Théâtre Bo, in dem Julie Collas ihre Vorstellung »Oh my God! She's Parisian!« präsentiert, auf einen der hinteren Ränge gesetzt. So bleibe ich wirklich nur Zuschauerin, anstatt, wie andere Besucher, kurzzeitig Teil der Show zu werden; sie sollen ihren Namen und ihre Nationalität nennen – um dann verballhornt zu werden: Ob er das bitte auf Französisch wiederholen könne?, fordert sie einen Mann auf. Nein??? Was, mon dieu, habe er in Paris zu suchen, ohne die Sprache Molières fließend zu beherrschen? Wisse er denn nicht, dass ihm drohe, gelyncht zu werden?

Julie Collas kennt keine Gnade, nicht mit anderen und nicht mit ihresgleichen. »Ihr denkt, die Frauen hier seien schön? Kommt mal frühmorgens vor eine Schule, wenn sie völlig verkatert ihre Kinder abgeben.« Zwei Gesichter offenbart die Komikerin: jenes der eleganten Pariserin, von der die ganze Welt schwärmt – und jenes der gestressten Kratzbürste, die versucht, andere mit ihrer konsequenten Übellaunigkeit fernzuhalten. Klischees, Übertreibungen? Ja, sicher, sonst wäre es wohl nicht so lustig. Und doch steckt in jedem Klischee ein wahrer Kern, und sei er auch noch so winzig.

ALLE IHRE SKETCHE schreibt Julie Collas selbst – das erfahre ich am Ende der Show, als sie am Ausgang steht, ihre Gäste verabschiedet und bereit für einen Schwatz ist. Inspirieren, sagt sie, lässt sie sich dabei von ihrem eigenen Leben und den täglichen kleinen und großen Katastrophen. War sie früher Anwältin im Geschäftsviertel La Défense, so hat sie irgendwann alles hingeschmissen, um einfach das zu tun, worauf sie Lust hatte: eine englischsprachige Show auf die Beine zu stellen, in der sie die Klischeevorstellung von der Pariserin so richtig auseinandernimmt – und nicht nur der Pariserin. Wem mancher Witz zu weit ging oder wer sich gar persönlich angegriffen fühlte, der bekommt jetzt am Ende die Gelegenheit, ihr das brühwarm zu sagen. Andere wollen einfach nur ein Foto mit Julie oder ein Küsschen auf die Wange. »Ein wenig übertrieben war das schon?«, frage ich sie. »Kein bisschen«, antwortet Julie trocken, mit ernstem Tonfall – und dem angedeuteten Lächeln der lässigen Pariserin.

WENN MAN SCHON MAL **HIER** IST:

Ob vor dem Theaterstück, wenn es noch hell ist und die Boutiquen geöffnet haben, oder danach, wenn es Zeit wird für einen Absacker in einer der Bars – ein Abstecher zum **Canal Saint-Martin** □→ über den Platz der Republik und die Straße Rue Léon Jouhaux lohnt sich zu jeder Tages- und Nachtzeit. Der Spaziergang am Wasser entlang, über das sich immer wieder schmale Fußgängerbrücken spannen, führt in eine der angesagtesten Ecken in Paris, den Pariser Osten.

MOHNSTRUDEL IM MARAIS

EIN SPAZIERGANG IM ALTEN JÜDISCHEN VIERTEL VON PARIS

+ + + STECKBRIEF + + +

WO? START BEI DER METROSTATION SAINT-PAUL +++ METRO 1 SAINT-PAUL +++ MEMORIALDELASHOAH.ORG +++ WANN? TÄGLICH, JEDERZEIT +++ SHOAH-GEDENKSTÄTTE SONNTAG BIS FREITAG VON 10 BIS 18 UHR GEÖFFNET, DONNERSTAG BIS 22 UHR, GESCHLOSSEN AN NATIONALEN UND JÜDISCHEN FEIERTAGEN +++ WIE LANGE? 1 BIS 3 STUNDEN +++ WIE VIEL? GRATIS +++

JÜDISCH GEPRÄGTE VIERTEL gibt es in Paris mehrere. Aber in keinem ist diese Kultur so traditionsreich und deutlich sichtbar wie im Marais, wo sie auf das 13. Jahrhundert zurückgeht. Viele Rabbiner und Männer mit Kippa sind hier unterwegs. Auf relativ kleiner Fläche befinden sich mehrere Synagogen, jüdische Büchereien, die Holocaust-Gedenkstätte Mémorial de la Shoah, jüdische Imbissläden und Bäckereien. Wo anfangen?
Mein Freund und ich heben uns Falafel und Mohnstrudel für später auf und gehen von der Metrostation Saint-Paul aus in Richtung Rue Geoffroy l'Asnier. Seit 2005 leistet dort die Schoah-Gedenkstätte Aufklärung über den Genozid an den Juden mit Schwerpunkt auf der Situation im besetzten Frankreich. Eingangs steht die »Mauer der Namen«, bei der es sich genau genommen nicht um eine, sondern um mehrere Mauern handelt.

SIE TRAGEN DIE NAMEN von 76.000 aus Frankreich deportierten jüdischen Frauen, Männern und Kindern. Mit einem einzigen Blick erfasst man das Ausmaß des Verbrechens, ebenso wie an der Wand mit Fotos von jüdischen Kindern im Inneren. Die Atmosphäre ist still. Wir gehen in die dunkle Krypta, in der eine ewige Flamme über dem Grab des unbekannten jüdischen Märtyrers brennt, als Symbol für all die Ermordeten, die keine letzte Ruhestätte gefunden haben. Etliche Dokumente, Fotos und Videoaufnahmen von Zeitzeugen machen den Rundgang sehr vollständig – und bedrückend.

Als wir den Ort des Gedenkens verlassen, fällt die Schwere des Gesehenen nur langsam von uns ab. Zumal im Marais weitere Spuren der Gewalt an Juden sichtbar geblieben sind. In der Rue des Rosiers, die wir über die Rue Vieille du Temple erreichen, verweisen Gedenktafeln über vielen Eingangstüren auf ehemalige Hausbewohner, die zur Zeit des Dritten Reichs deportiert oder ermordet wurden, weil sie Juden oder Widerstandskämpfer gegen die deutschen Nazi-Besatzer oder Mitglieder der Résistance gegen die kollaborierende französische Regierung waren. Eine weitere Tafel erinnert an einen antisemitischen Anschlag im Jahr 1982, auf ein Restaurant in der Straße, bei dem sechs Menschen getötet und 22 verletzt wurden.

DOCH SO WICHTIG das Erinnern bleibt, so schön ist es zugleich, das Unbeschwerte des heutigen jüdischen Lebens in Paris zu spüren. Im Marais als einem der beliebtesten Viertel der Stadt herrscht eine regelrecht aufgekratzte Stimmung: Die Menschen schieben sich durch die weitgehend verkehrsberuhigten Straßen, drängen sich vor den Schaufenstern der In-Boutiquen, belagern die Caféstühle. Und wer gerne Käsestrudel, Piroggen und gefüllte Teigtaschen isst, findet in diesem Stadtteil, dem sogenannten »Pletzl«, sein Glück! Die Bäckereien sind mit bunten Kacheln verziert und bieten oft Platz für einen Kaffee im Sitzen. Weil wir jetzt aber Lust auf etwas Herzhaftes haben, bestellen wir uns lieber zunächst Sandwiches bei einem der hier ansässigen Falafel-Verkäufer. Für ein Dessert gehen wir schließlich zum traditionellen Restaurant Chez Marianne, ebenfalls in der Rue des Rosiers, das auch Backwaren zum Mitnehmen verkauft, darunter »Strüdle« aus Mohn. Es ist der heitere Ausklang eines Rundgangs, der mit einer schweren Geschichte begann. Hier im Marais gehört beides zusammen.

WENN MAN SCHON MAL **HIER** IST:

Wer noch tiefer in die jüdische Kultur und Geschichte eintauchen möchte, kann im Anschluss das **Musée d'art et d'histoire du Judaïsme** (41 Rue du Temple) □→ besichtigen. In einem wunderschön restaurierten Stadtpalais findet sich eine umfassende Sammlung religiöser Gegenstände, Manuskripte und Kunstwerke, unter anderem von Marc Chagall und Amedeo Modigliani.

WENN MAN SCHON MAL IM MARAIS IST

+++ SEHEN +++
+++ ESSEN +++
+++ AUSGEHEN +++
+++ SHOPPEN +++
+++ SCHLAFEN +++

BOULANGERIE

SEHEN

CENTRE GEORGES POMPIDOU

Welche Sonderausstellung auch gerade läuft – und meist sind die Ausstellungen im Museum für Moderne Kunst Centre Georges Pompidou umfassend und mit einer interessanten Herangehensweise gemacht –, das Gebäude allein ist schon sehenswert. Nicht allen gefielen seine bunten Röhren zur Zeit der Eröffnung auf Initiative des kunstliebenden früheren Präsidenten Georges Pompidou im Jahr 1977, denn sie brachen völlig mit dem klassischen Aussehen eines Museums. Vom obersten Stockwerk aus, wo es auch ein Café gibt, bietet sich ein fantastischer Blick auf Paris.

+++ PLACE GEORGES-POMPIDOU +++ METRO 11 RAMBUTEAU, METRO 4/RER A, B, D CHÂTELET-LES HALLES +++ CENTREPOMPIDOU.FR +++ MI/FR-SO 11-21 UHR, DO BIS 23 UHR+++ EINTRITT 14 EURO, GRATIS FÜR ALLE UNTER 26-JÄHRIGEN UND AM 1. SONNTAG IM MONAT (AUSSER SONDERAUSSTELLUNGEN) +++

PICASSO-MUSEUM

Hier gibt es auf fünf Ebenen Werke von Picasso zu sehen, darunter einige der bekanntesten des spanischen Künstlers. Die Gemälde, Zeichnungen und Skulpturen stammen aus allen Schaffensperioden und vermitteln einen hervorragenden Überblick über sein Werk. Gezeigt wird auch Picassos einstige private Kunstsammlung mit Werken unter anderem von Cézanne, Matisse und Miró. Das Stadtpalais, in dem sich das Museum befindet, wurde vor Kurzem erst rundum saniert.

+++ 5 RUE DE THORIGNY +++ METRO 8 SAINT-SÉBASTIEN FROISSART +++ MUSEEPICASSOPARIS.FR +++ DI-FR 10.30-18 UHR, SA/SO 9.30-18 UHR +++ EINTRITT 14 EURO, KOSTENLOS AM 1. SONNTAG IM MONAT +++

PLACE DES VOSGES

Der älteste Platz von Paris, der Anfang des 17. Jahrhunderts entstand, ist auch einer der schönsten. Auf einer der Bänke oder im Gras sitzend kann man dem Plätschern des Brunnens lauschen. Unter den Arkadenbögen der umstehenden Gebäude befinden sich Ateliers und Boutiquen. Einen Einblick in die Innenräume erhält man beispielsweise bei Hausnummer 6, wo einst der Schriftsteller Victor Hugo wohnte. Heute handelt es sich um ein Museum mit freiem Eintritt.

+++ PLACE DES VOSGES +++ METRO 5 BRÉGUET-SABIN +++ IM SOMMER: MO-FR 8-20.30 UHR, SA/SO 9-20.30 UHR, IM WINTER MO-FR 8-17.45 UHR, SA/SO 9-17.45 UHR +++

PLACE DE LA BASTILLE UND BASTILLE-OPER

Ein geschichtsträchtiger Platz, denn mit dem Sturm auf die Bastille, das Gefängnis, das sich hier befand, begann 1789 die Französische Revolution. Heute ist der Place de la Bastille ein wichtiger Verkehrsknotenpunkt und schon von Weitem durch die Julisäule erkennbar. 1989 entstand hier das zweite Opernhaus der Stadt, die Bastille-Oper, deren großer Saal mit ausgezeichneter Sicht und Akustik insgesamt 2.703 Zuschauer fasst.

+++ PLACE DE LA BASTILLE +++ METRO 1/5/8 BASTILLE +++ NEBEN AUFFÜHRUNGEN WERDEN 90-MINÜTIGE FÜHRUNGEN (ENGLISCH) DURCH DIE BASTILLE-OPER FÜR 17 EURO ANGEBOTEN. INFO UNTER OPERADEPARIS.FR/EN/VISITS/OPERA-BASTILLE +++

RATHAUSPLATZ (PLACE DE L'HÔTEL DE VILLE)

Eine stolze Stadt wie Paris braucht ein repräsentatives Rathaus, und das Gebäude im Renaissancestil, das in der zweiten Hälfte des 19. Jahrhunderts errichtet wurde, enttäuscht nicht. Dass sich hier im Mittelalter noch ein Hafen- und Anlegeplatz befand, ist längst vergessen. Im Inneren des Rathauses finden wechselnde Ausstellungen statt.

+++ PLACE DE L'HÔTEL DE VILLE +++ METRO 1/11 HÔTEL DE VILLE +++ SONDERAUSSTELLUNGEN SIND VON MONTAG BIS SAMSTAG GRATIS ZU BESICHTIGEN (SONNTAG RUHETAG). EINGANG ENTWEDER 5 RUE LOBEAU ODER 29 RUE DE RIVOLI +++

LES PETITES BOUCHÉES

Französische Tapas zum Durchprobieren, vom Mini-Risotto bis zum Lachs-Mango-Tatar. Die »Happen« gibt es à la carte oder als Menü (6 Stück für 32 Euro).

+++ 4 RUE DU ROI DE SICILE +++ METRO 1 SAINT-PAUL +++ LESPETITESBOUCHEES.COM +++ +33 144 61 49 96 +++ DI–FR/SO 12–15 UND 18.30–23 UHR +++

GRAND COEUR

Wer am Abend richtig schön, doch preislich im Rahmen essen will, der macht hier nichts falsch. Kleine Auswahl an frisch zubereiteten Speisen, Hauptgerichte ab 25 Euro.

+++ 41 RUE DU TEMPLE +++ METRO 11 RAMBUTEAU +++ GRANDCOEUR.PARIS +++ +33 158 28 18 90 +++ MO–SO 12–14.30 UND 19.15–22.30 UHR +++

LES PINCES

Der Name sagt es schon – hier gibt es Scheren, und zwar die vom Hummer. Ob Hummer im Ganzen oder als Sandwich: Man zahlt 26 Euro, inklusive Fritten und Salat.

+++ 29 RUE DU BOURG TIBOURG +++ METRO 1/11 HÔTEL DE VILLE +++ LESPINCES.COM/MARAIS +++ +33 983 56 47 93 +++ MO–FR 12–14.15 UHR UND 19–22.30 UHR. SA/SO 12–15 UHR UND 19–22.30 UHR +++

MIZNON

Lust auf israelische Kost und ausgelassene Stimmung? Die großzügig gefüllte Pita – mit Lamm, Fisch oder vegetarisch – bekommt man hier ab 7,50 Euro.

+++ 22 RUE DES ÉCOUFFES +++ METRO 1 SAINT-PAUL +++ MIZNONPARIS.COM +++ +33 971 34 53 84 +++ SO–DO 12–23 UHR. FR 12–16 UHR +++

AUSGEHEN

DOUBLE FOND

Diese Bar ist magisch: Das gilt für die Glitterdeko, die Kellner im Zauberer-Kostüm – und wer nicht nur ein Glas trinken will, sieht sich die Vorstellung der Magier im Theatersaal an.

+++ 1 PLACE DU MARCHÉ SAINTE-CATHERINE +++ METRO 1 SAINT-PAUL +++ DOUBLEFOND.COM +++ MI 18–0 UHR, DO/FR 18–2 UHR, SA 15–2 UHR, SO 15–0 UHR +++

BISOU.

Diese Bar ist plastikfrei, und eine Karte gibt es auch nicht, dafür eine essbare Blume zu jedem Cocktail. Nach Wunsch des Gastes mixt der Barmann für ihn eine Überraschung oder einen Klassiker.

+++ 15 BOULEVARD DU TEMPLE +++ METRO 8 FILLES DU CALVAIRE +++ BAR-BISOU.FR +++ MO–FR 8.30–2 UHR, SA/SO 9.30–2 UHR +++

SHOPPEN

MARCHÉ DES ENFANTS ROUGES

Man sollte nicht mit vollem Magen kommen: Er will gefüllt werden – in einem der Restaurants oder an einem der Stände. Seit 1615 herrscht hier lebendige Marktstimmung.

+++ 39 RUE DE BRETAGNE +++ METRO 8 FILLES DU CALVAIRE +++ DI–SA 8.30–20 UHR, SO 8.30–16 UHR +++

FLEUX

Interessanter Concept Store voller Dekoideen für die ganze Wohnung, außerdem Kindermode und -geschirr, Biokosmetik und Geschenkartikel.

+++ 52 RUE SAINTE-CROIX DE LA BRETONNERIE +++ METRO 1/11 HÔTEL DE VILLE +++ FLEUX.COM +++ MO-SA 11-20 UHR, SO 13.15-19.30 UHR +++

SCHLAFEN

3

MIJE

Diese Jugendherberge in einem Gebäude aus dem 17. Jahrhundert mit hübschem Innenhof nimmt auch weniger jugendliche Gäste oder Familien auf und verfügt über 400 Betten in Einzelzimmern bis Zehner-Schlafräumen. Für Einzelreisende sind pro Nacht mit Frühstück je nach Saison rund 60 Euro zu veranschlagen, Tarife für Gruppen ab zehn Personen sind etwas günstiger.

+++ 6 RUE DE FOURCY +++ METRO 1 SAINT-PAUL +++ MIJE.COM/AUBERGE-JEUNESSE-PARIS +++ +33 142 74 23 45 +++

LE PRESBYTÈRE

Das »Pfarrhaus« in einem gotisch gestalteten Gebäude aus dem 17. Jahrhundert wurde gekonnt restauriert und modernisiert. Mit seinen Holzbalken an den schrägen Decken und Wänden entfaltet es aber eine gewisse Romantik. Zimmer zum Schnäppchenpreis gibt es ab 100 Euro, meist liegen sie aber um 120 Euro, dazu kommt das Frühstück für 15 Euro.

+++ 78 RUE DE LA VERRERIE +++ METRO 1/11 HÔTEL DE VILLE +++ HOTEL-LE-PRESBYTERE.COM/EN +++ +33 142 78 14 15 +++

CAVEAU
de la HUCHETTE

4 LINKS DER SEINE

+++ ERLEBEN +++

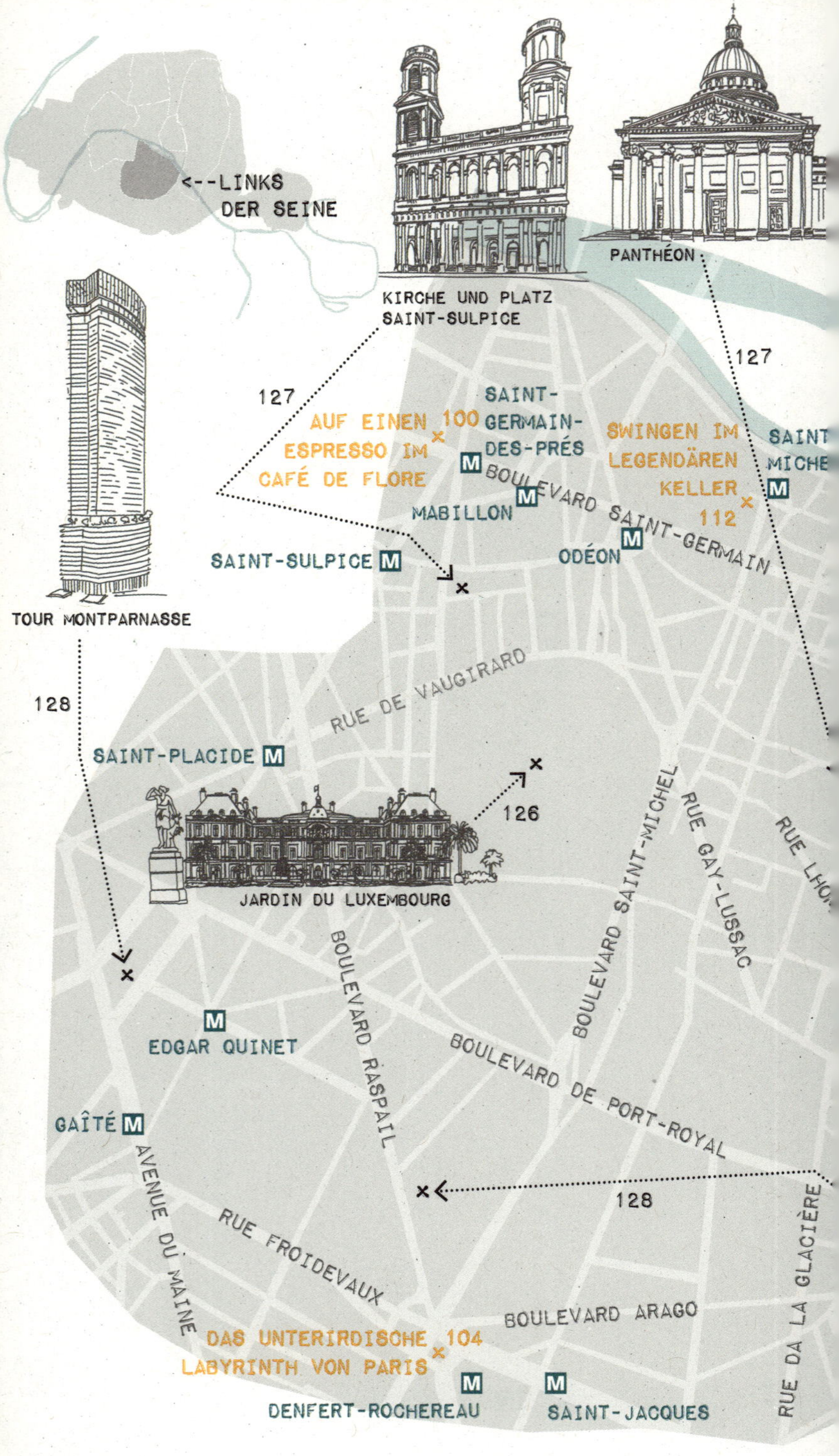

<--LINKS DER SEINE
KIRCHE UND PLATZ SAINT-SULPICE
PANTHÉON
TOUR MONTPARNASSE
127
127
128
126
128
AUF EINEN ESPRESSO IM CAFÉ DE FLORE 100
SAINT-GERMAIN-DES-PRÉS
SWINGEN IM LEGENDÄREN KELLER 112
MABILLON
BOULEVARD SAINT-GERMAIN
ODÉON
SAINT-SULPICE
RUE DE VAUGIRARD
SAINT-PLACIDE
JARDIN DU LUXEMBOURG
BOULEVARD SAINT-MICHEL
RUE GAY-LUSSAC
BOULEVARD RASPAIL
EDGAR QUINET
BOULEVARD DE PORT-ROYAL
GAÎTÉ
AVENUE DU MAINE
RUE FROIDEVAUX
BOULEVARD ARAGO
RUE DA LA GLACIÈRE
DAS UNTERIRDISCHE LABYRINTH VON PARIS 104
DENFERT-ROCHEREAU
SAINT-JACQUES

DAS QUARTIER LATIN, in dem sich viele Unis befinden, gilt immer noch als Ausgeh- und Studentenviertel, doch eine Wohnung können sich hier nur noch Studierende leisten, die wohlhabende Eltern haben oder in Mini-Zimmerchen hausen. Lebendig bleibt es aber mit all seinen Cafés, Geschäften und Theatern allemal.

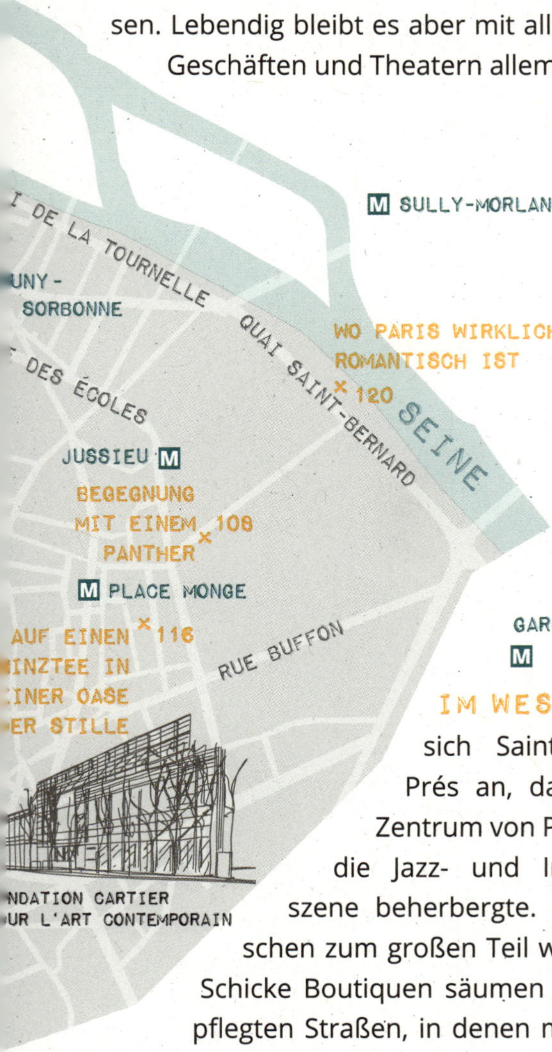

IM WESTEN schließt sich Saint-Germain-des-Prés an, das literarische Zentrum von Paris, das einst die Jazz- und Intellektuellenszene beherbergte. Die ist inzwischen zum großen Teil weitergezogen. Schicke Boutiquen säumen heute die gepflegten Straßen, in denen man sich wunderbar verlieren kann.

AUF EINEN ESPRESSO IM CAFÉ DE FLORE

WO JEAN-PAUL SARTRE UND SIMONE DE BEAUVOIR SICH ZU HAUSE FÜHLTEN

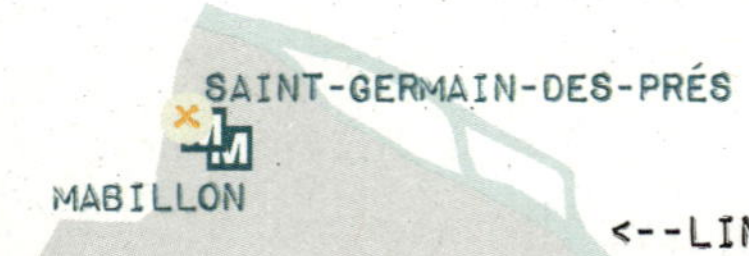

<--LINKS DER SEINE

+ + + S T E C K B R I E F + + +

WO? 172 BOULEVARD SAINT-GERMAIN +++ METRO 4 SAINT-GERMAIN-DES-PRÉS. METRO 10 MABILLON +++ CAFEDEFLORE.FR +++ WANN? TÄGLICH 7.30 BIS 1.30 UHR +++ WIE LANGE? MINDESTENS 1 STUNDE! +++ WIE VIEL? AB 4.90 EURO FÜR EINEN ESPRESSO +++

VIELLEICHT TREFFE ICH HEUTE JA jemanden im Café, den ich kenne – aus dem Fernsehen oder aus dem Kino. Catherine Deneuve zum Beispiel. Oder warum nicht Johnny Depp? Zu den einschlägigen Pariser Adressen für alle, die sehen und gesehen werden wollen, gehört das Café de Flore. Ich war schon öfter hier, und doch nähere ich mich dem Gebäude mit der breiten Markise mit einer gewissen Ehrfurcht. Fast so, als würde ich erwarten, von einem Türsteher abgewiesen zu werden wie eine Jugendliche vor der Disko. Aber der Kellner deutet mit einladender Geste ins Innere. »Herzlich willkommen«, sagt er. Ich bin neugierig und will von ihm wissen, ob sich heute jemand Bekanntes unter den Gästen befindet. Das Tablett auf dem Handteller balancierend, blickt der »Garçon« kurz nach oben, als würde er angestrengt nachdenken. »Ich bin mir nicht sicher!«, sagt er.

ICH BEKOMME EINEN PLATZ auf einem der rot-grünen Korbstühle auf der überdachten Veranda zugewiesen. Hier habe ich zugleich den Innenraum und den Boulevard Saint-Germain mit seinen Buchhandlungen und Boutiquen im Blick.

Wer in Paris ausgeht, muss ein gehobenes Preisniveau in Kauf nehmen, ganz besonders an berühmten Orten wie hier. Das günstigste Getränk in der Karte ist ein Espresso für 4,90 Euro. Aber was soll's – ein Platz im Theater kostet mehr, und ein Spektakel bietet sich mir hier allemal. Ich entscheide mich für eine »Special Flore Chocolate« für 7,80 Euro und bekomme eine dieser unwiderstehlich sämigen heißen Schokoladen, wie sie traditionelle Pariser Kaffeehäuser anbieten. Dampfende Milch und flüssige Schokolade werden dabei gleichzeitig in die Tasse gegossen. Nun kann ich in Ruhe beobachten. An einem Tisch erspähe ich inmitten einer kleinen Gruppe tatsächlich Inès de la Fressange, früheres Model und Muse von Karl Lagerfeld. Ich recke unauffällig den Hals, durchquere schließlich den Raum, um mich meiner Vermutung zu vergewissern, und steige in die erste Etage hinauf, so als suchte ich nur die Toilette.

HIER HÄNGEN HOHE SPIEGEL an den noch höheren Wänden, ein typisches Merkmal der Pariser »Grand Cafés«. Und nun sehe ich noch ein bekanntes Gesicht: An einem Einzeltisch sitzt der Schriftsteller Peter Handke und liest versunken in einer Zeitung! Stören mag ich ihn nicht, aber als er aufblickt, erwidert er fast schüchtern mein Lächeln. Trotz seines Nobelpreises ist Handke in Paris keine Berühmtheit – erkannt zu werden, scheint ihn zu freuen. Und mich freut es auch.

Schon seit seiner Gründung 1887 zog das Café Künstler und Intellektuelle an – die Pariser Bohème. Hier verbrachte das Philosophen-Paar Simone de Beauvoir und Jean-Paul Sartre ganze Tage, um zu arbeiten und Besuch zu empfangen. Denn der Besitzer des Flore hatte in Kriegszeiten Kohle und konnte heizen. Später kamen Pablo Picasso, Brigitte Bardot oder Yves Saint Laurent. Schmunzelnd denke ich an die Prominenz, die ich hier schon gesehen habe. Die Schauspielerin Diane Kruger etwa, und einmal saß Fürst Albert von Monaco beim Kaffee. Ich bin keine Autogrammjägerin, aber ab und zu begegnet man an Orten wie diesem einem Promi – so ist das in einer Stadt wie Paris.

WENN MAN SCHON MAL **HIER** IST:

Eine Kaffeehaus-Institution wie das Café de Flore ist auch das benachbarte **Les Deux Magots** □→ (6 Place Saint-Germain-des-Prés) mit einer ähnlich berühmten Klientel und bewegten Geschichte. Auch die **Brasserie Lipp** gegenüber (151 Boulevard Saint-Germain), die es schon seit Ende des 19. Jahrhunderts gibt, war lange ein beliebter Treffpunkt der Pariser Poeten.

DAS UNTERIRDISCHE LABYRINTH VON PARIS

EIN BESUCH IN DEN KATAKOMBEN MIT GRUSELFAKTOR

<--LINKS DER SEINE

+ + + S T E C K B R I E F + + +

WO? 1 AVENUE DU COLONEL HENRI ROL-TANGUY +++ METRO 4/6 DENFERT-ROCHEREAU, RER B DENFERT-ROCHEREAU +++ CATACOMBES.PARIS.FR +++ WANN? DIENSTAG BIS SONNTAG 9.45 BIS 20.30 UHR +++ WIE LANGE? 1,5 STUNDEN +++ WIE VIEL? 29 EURO (MIT AUDIOGUIDE/DEUTSCH), 5 EURO FÜR 5- BIS 17-JÄHRIGE +++ WICHTIG! ES SIND INSGESAMT MEHR ALS 200 STUFEN ZU STEIGEN. UND: AUCH IM SOMMER IST ES KÜHL IM UNTERGRUND. FÜHRUNGEN SOLLTEN RUND 8 WOCHEN IM VORAUS GEBUCHT WERDEN. GRUPPEN MÜSSEN VORRESERVIEREN. WEITERE INFOS UNTER: CATACOMBES.PARIS.FR/DIE-KATAKOMBEN-VON-PARIS +++

»BLEIB STEHEN! Hier ist das Reich des Todes.« Ich stocke kurz, als ich die Aufschrift an einer Steinmauer lese. Und da will ich wirklich hin? Aber kneifen gilt nicht mehr, jetzt, wo ich bereits in der Schlange angestanden habe und 130 Treppenstufen hinabgestiegen bin, 20 Meter in die Tiefe. Also rein in das »Reich des Todes«, wie sich die Katakomben von Paris nennen – und ich bin ja nicht alleine, sondern in der Gesellschaft anderer Besucher und der Kunsthistorikerin Trâm. Sie wird uns hoffentlich sicher durch das knapp zwei Kilometer lange Areal bringen, das öffentlich zugänglich ist. Eigentlich handelt es sich um ein rund 300 Kilometer langes System aus labyrinthisch verschlungenen Gängen und finsteren Räumen, in denen illegal hinabgestiegene »Kataphile« Partys feiern und sich manchmal auch verirren – ein lebensgefährlicher Spaß.

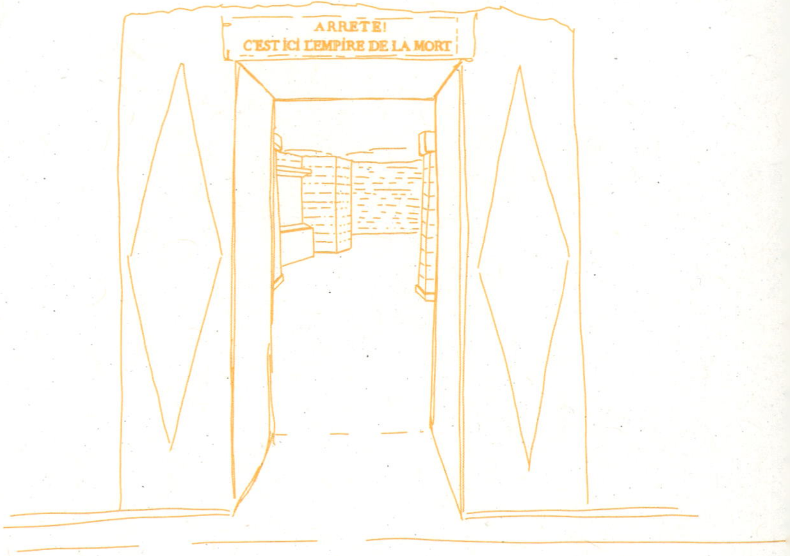

MIR IST DER OFFIZIELLE TEIL gruselig genug. Die Luft ist kühl und abgestanden und das Licht schummerig. Ich höre nicht nur jeden meiner Schritte, sondern auch das dumpfe Nachhallen. Weit weg scheint der Trubel der französischen Metropole jetzt. In einer anderen Welt, der oberirdischen. In einer anderen Zeit, der Zeit der Lebenden. Hier unten lagern hingegen die Gebeine von sechs bis sieben Millionen Menschen. Ordentlich sind ihre Knochen und Schädel entlang der schmalen Gänge aufgereiht, dahinter liegt alles kreuz und quer. Religiöse Inschriften erinnern an die Vergänglichkeit des Lebens. Algen und Schimmelpilze ziehen sich über die schmierigen Wände; die Luftfeuchtigkeit liegt bei 70 Prozent. Das unterirdische Paris wird gerne mit einem Emmentaler verglichen: ein dicker Laib mit großen Löchern. In den unzugänglichen Bereichen liegen die Kanalisation, U-Bahn-Schächte und die Versorgungsleitungen. Doch es gab auch schon andere Verwendungsmöglichkeiten. Anfang des letzten Jahrhunderts nutzten sie Winzer als Weinkeller und Anwohner zum Anbau von Pilzen. Im Zweiten Weltkrieg diente der Untergrund Widerstandskämpfern als Versteck.

DER URSPRUNG der Katakomben fällt mit dem von Paris zusammen: Zum Bau der Stadt wurde der so typische Kalkstein aus der Tiefe hervorgeholt, zunächst in offenen Steinbrüchen, ab dem 13. Jahrhundert erfolgte der Abbau nur noch unter Tage. Die fortschreitende Unterhöhlung führte aber nicht nur zu Sorgen der Bevölkerung, sondern auch zu tödlichen Unfällen. Da zugleich die völlig überfüllten Friedhöfe der Stadt zu einem hygienischen Problem wurden, schloss man diese und verlegte bis Mitte des 19. Jahrhunderts Millionen Skelette unter die Erde. Und da liegen sie noch immer – sollten nicht Besucher versuchen, einen Knochen als Souvenir mitzunehmen. Weil dies immer wieder passiert, müssen am Ausgang alle ihre Taschen öffnen. Meine ist natürlich leer geblieben: Die Gebeine lasse ich lieber an ihrem Ruheort. Die gespenstische Atmosphäre zu erleben, ist eindrucksvoll, aber als es wieder hinauf und zurück ins pralle Pariser Leben geht, spüre ich Erleichterung: Da oben mag die Luft nicht sehr sauber sein; aber sie ist herrlich frisch!

WENN MAN SCHON MAL **HIER** IST:

Wer bei dem morbiden Thema bleiben möchte, muss nur einige Schritte über die Rue Froideveaux gehen und steht am **Cimetière Montparnasse** □→, einem der drei Pariser Friedhöfe. Im Vergleich zu den Friedhöfen in Montmartre und Père-Lachaise wirkt er aufgeräumter und weniger verwunschen. Ein Gang durch die stillen Reihen bietet Blicke auf die Gräber bekannter Persönlichkeiten, von Serge Gainsbourg, dem Chansonnier, bis hin zu Simone de Beauvoir (Plan: api-site.paris.fr/images/74771).

BEGEGNUNG MIT EINEM PANTHER

EIN NACHMITTAG IM JARDIN DES PLANTES

<--LINKS DER SEINE

M GARE D'AUSTERLITZ

+ + + STECKBRIEF + + +

WO? 57 RUE CUVIER +++ METRO 5/METRO 10/RER C GARE D'AUSTERLITZ +++ JARDINDESPLANTESDEPARIS.FR +++ WANN? MAI BIS SEPTEMBER TÄGLICH 7.30 BIS 20 UHR. OKTOBER BIS APRIL 8 BIS 19.30 UHR +++ ZOO MONTAG BIS SAMSTAG 9 BIS 18 UHR. SONNTAG 9 BIS 18.30 UHR +++ GEWÄCHSHÄUSER TÄGLICH 10 BIS 18 UHR +++ WIE LANGE? 1 BIS 3 STUNDEN +++ WIE VIEL? DER JARDIN DES PLANTES IST GRATIS. ZOO 13 EURO. FÜR KINDER 10 EURO. GEWÄCHSHÄUSER 7 EURO. FÜR KINDER 5 EURO +++

4

GEZIELT STEUERN ein Freund und ich die grüne Oase an der Seine an. Paris ist so dicht und intensiv, dass es guttut, hin und wieder im Grünen durchzuatmen. Der Jardin des Plantes, der Botanische Garten, ist die weniger bekannte Schwester des in der Nähe gelegenen Jardin du Luxembourg und mit einer Fläche von 23,5 Hektar geringfügig größer. Hier ist die Zahl der Besucher und prachtvollen Marmorstatuen geringer – dafür gibt es mehr Ruhe und eine große Vielfalt an Natur. Über die sandigen Wege laufen Kinder mit Eiswaffeln. Im Rosengarten, der kräftig duftet, lagern uralte Magmafelsen. Es sind nicht unbedingt spektakuläre Blumen, die den Jardin des Plantes ausmachen. Wir genießen es einfach, ihn zu durchstreifen, die Aromen der Kräuter zu erschnuppern und all die Pflanzensorten zu entdecken, versehen mit liebevoll beschrifteten Schildchen.

DIE ANFÄNGE DES PARKS gehen auf das 16. Jahrhundert zurück, als hier ein königlicher Heilkräutergarten entstand. Zu einem wichtigen wissenschaftlichen Forschungszentrum wurde er im 18. Jahrhundert unter Georges Louis Leclerc, Graf von Buffon, der denn auch am Eingang mit einer wuchtigen Statue verewigt ist und zufrieden auf sein Werk zu blicken scheint. Seit der Französischen Revolution gehört der Park zum Nationalmuseum für Naturgeschichte. Besucher können Ausstellungsräume für Evolutionsbiologie, Mineralogie und Paläontologie besuchen, doch uns ist das heute zu viel Programm. Wir entscheiden uns stattdessen für eine Tour durch die Gewächshäuser. Exotische Bäume erheben sich wie grüne Kathedralen in die Luft, und in einer nachempfundenen Wüste wachsen Kakteen, Aloe-Vera-Pflanzen und Pfeffersträucher im Sand.
Im Anschluss haben wir noch Lust, den Zoo zu besuchen. Er liegt versteckt hinter Bäumen und Gebüsch, sodass wir die wahren Ausmaße nicht gleich erkennen. Sie werden uns erst bewusst, als wir durch das weite Gelände gehen. Wir sehen Eulen, die gelangweilt herabblicken, Papageien, Flamingos – und Panther, die auf und ab streifen.

WIE DAMALS, als der Dichter Rainer Maria Rilke sich bei einem Parisaufenthalt genau an diesem Ort zu seinem berühmten Sonett *Der Panther* inspirieren ließ – das einzige seiner Gedichte, das er auswendig kannte. *Ihm ist, als ob es tausend Stäbe gäbe / und hinter tausend Stäben keine Welt*, heißt es darin. Rilke, der eine ganze Weile mit und bei dem Bildhauer Auguste Rodin (siehe S. 140) in Paris gearbeitet hat, lebte zu der Zeit selbst in einer Art innerem Käfig. Rodin war es, der ihn in den Jardin des Plantes geschickt hatte, um die Wirklichkeit zu studieren. Und so verbrachte der Dichter viele Stunden bei der Raubtierabteilung, vor der auch wir nun stehen – um dann innerhalb zweier Tage ein Meisterwerk zu schaffen. *Der weiche Gang geschmeidig starker Schritte, / der sich im allerkleinsten Kreise dreht, / ist wie ein Tanz von Kraft um eine Mitte, / in der betäubt ein großer Wille steht.* Treffender und poetischer könnte man nicht beschreiben, was auch wir fast 120 Jahre später im Jardin des Plantes beobachten. Die Ausdruckskraft des Panthers ist zeitlos.

WENN MAN SCHON MAL **HIER** IST:

Vom Jardin des Plantes ist es nicht weit über die Rue Lacépède zum **Place Contrescarpe** □→, auf dem es sich wunderbar sitzen, ein Glas trinken oder eine Kleinigkeit essen lässt. Gerade am Nachmittag und zur frühen Abendstunde ist die traditionell studentische Gegend sehr belebt, Straßenmusikanten verdienen sich ein Zubrot, und es herrscht eine ausgelassene Stimmung.

SWINGEN IM LEGENDÄREN KELLER

EIN ABEND IM MYTHISCHEN JAZZKLUB »CAVEAU DE LA HUCHETTE«

<--LINKS DER SEINE

+ + + STECKBRIEF + + +

WO? 5 RUE DE LA HUCHETTE +++ METRO 4, RER B/C SAINT-MICHEL +++ CAVEAUDELAHUCHETTE.FR +++ WANN? SONNTAG BIS DONNERSTAG VON 21 UHR BIS 2.30 UHR +++ WIE LANGE? 2 BIS 3 STUNDEN +++ WIE VIEL? SO–DO 13 EURO, FR/SA 15 EURO, FÜR STUDENTEN UNTER 25 MIT GÜLTIGEM AUSWEIS 10 EURO +++

DAS KONZERT BEGINNT bereits an der Treppe, wo die Eintrittskarten verkauft werden. Von unten klingt die Musik herauf und macht Lust, mittendrin zu sein. Die Besucher vor dem Gebäude, jene, die nach oben kommen, um zu rauchen oder um Neuankömmlinge zu begrüßen, die Sicherheitsleute – alle scheinen einander zu kennen, wie ein großer Freundeskreis. Wir kennen noch niemanden, fühlen uns aber bereits am Eingang des Jazzkellers Caveau de la Huchette wohl. Er ist einer der ältesten seiner Art und einer der wenigen verbliebenen hier im Quartier Latin, das zusammen mit Saint-Germain-des-Prés lange das historische Viertel des Pariser Jazz war: Duke Ellington, Ella Fitzgerald, Miles Davis waren regelmäßig hier. Heute hat sich die Jazzszene mehr in die Rue des Lombards verlagert – aber der Huchette-Keller ist sich treu geblieben.

WIR STEIGEN DIE TREPPE HINUNTER und gelangen in den Musik- und Tanzsaal, der in warmes, oranges Licht getaucht ist. Drei Musiker auf der Bühne vor einer Steinwand füllen ihn mit dynamischer Musik – einer sitzt am Klavier, einer am Kontrabass, der dritte am Schlagzeug. Swing ist das Thema des Abends, und zwei Bands werden es nach ihrer Fasson interpretieren. Auf die Tanzfläche hat sich bislang nur ein einziges Paar getraut, das sich flink und geschmeidig zu den schnellen Rhythmen bewegt. Die anderen Gäste haben es sich mit einem Glas an der Bar oder auf einem der Stühle bequem gemacht. Sie wärmen sich auf, so wie der ganze Saal und wie wir.

Der Raum ist geschichtsträchtig, er diente schon ab dem 16. Jahrhundert spirituellen Gemeinschaften wie den Rosenkreuzern und dem Templerorden und später einer geheimen Loge der Freimaurer als Treffpunkt, bevor während der Französischen Revolution dort Prozesse stattfanden: Für die Verurteilten ging es von hier direkt zur Guillotine. Später wurde der Keller zu einem Kabarett und Theater umfunktioniert, und nach dem Zweiten Weltkrieg entstand offiziell der Jazzklub, der er bis heute geblieben ist.

ALLMÄHLICH FÜLLT SICH DER SAAL, weitere Paare wagen sich auf die Tanzfläche. Ich spüre, dass die Temperatur steigt, und die drei auf der Bühne tun mit erkennbarem Spaß alles dafür, noch mehr Besucher von ihren Stühlen und Barhockern zu locken. Irgendwann übernimmt die Nachfolgeband mit einem ähnlich schnellen Rhythmus: ein Quintett mit Klarinette, Gitarre, Piano, Kontrabass und Schlagzeug. Klassischen Swing spielen sie, der im Paris der 30er-, 40er- und 50er-Jahre seine Blütezeit erlebte und pure Lebensfreude ausdrückt. Wer nachdenklichen, besinnlichen Jazz gesucht hat, ist hier heute falsch. Ich blicke mich um: Keiner scheint sich fehl am Platz zu fühlen, die anderen Gäste lachen, strahlen, swingen. Mein Partner hat nun auch Lust zu tanzen, wir gesellen uns zu den anderen auf die Fläche, während die Stühle mehr und mehr an den Rand rücken. Auf die Uhr blickt an diesem Abend keiner, und auch wir nicht, bis wir irgendwann, erschöpft und fröhlich, den Rückweg durch die Pariser Nacht antreten.

WENN MAN SCHON MAL **HIER** IST:

Spontane Gratiskonzerte unter freiem Himmel gibt es regelmäßig nachmittags und abends direkt ums Eck am Seine-Ufer auf dem Platz **Saint-Michel** vor dem dortigen Brunnen, der **Fontaine Saint-Michel** □→. Hier zeigen auch gerne junge Männer, was sie an beeindruckenden Akrobatikkünsten draufhaben, um sich ein paar Euro hinzuzuverdienen. Um den Platz gruppieren sich Cafés, Kinos, Restaurants und Geschäfte, darunter eine Filiale der traditionsreichen Pariser Buchhandlung **Gibert Jeune**.

AUF EINEN MINZTEE IN EINER OASE DER STILLE

BESUCH IN DER GROSSEN MOSCHEE VON PARIS

LINKS DER SEINE--> PLACE MONGE

+ + + STECKBRIEF + + +

WO? 2 PLACE DU PUITS DE L'ERMITE +++ METRO 7 PLACE MONGE +++ HTTPS://WWW.MOSQUEEDEPARIS.NET +++ WANN? SAMSTAG BIS DONNERSTAG VON 9 BIS 12 UHR UND 14 BIS 18 UHR (AUSSER AN MUSLIMISCHEN FEIERTAGEN) +++ WIE LANGE? 1 BIS 2 STUNDEN +++ WIE VIEL? 3 EURO, ERMÄSSIGT 2 EURO (UNTER 18-JÄHRIGE, STUDENTEN, GRUPPEN ÜBER ZEHN PERSONEN) +++ WICHTIG! UM »ANGEMESSENE BEKLEIDUNG« WIRD GEBETEN +++

ES SIND NUR EIN PAAR Treppenstufen, die Paris vom Orient trennen. Genau genommen waren dazwischen auch noch eine offene Eingangstür und ein Ticketschalter, aber beides haben wir schnell passiert. Liefen wir gerade noch durch das belebte Studentenviertel Quartier Latin, so stehen wir jetzt in einem türkis gehaltenen, mit weißen und dunkelblauen Kacheln verzierten Innenhof, der von Säulen umgeben und mit üppigen Pflanzen bewachsen ist: Oleander, Pinien, Palmen. Vom Brunnen dringt ein beständiges Plätschern her. Ich atme durch.

Wir befinden uns in der Großen Moschee von Paris, dem prächtigsten muslimischen Bauwerk der Stadt. Im Jahr 1926 war sie zum Dank Frankreichs an die Muslime errichtet worden, die in den kolonialen Hilfstruppen im Ersten Weltkrieg gekämpft hatten.

SCHON VON AUSSEN beeindruckt der strahlend weiße Bau in maurischem Stil mit seinen aufwendigen Verzierungen und dem 33 Meter hohen, quadratischen Minarett. Im Inneren empfinde ich eine angenehme Stille, trotz der anderen Besucher, die auf den labyrinthischen Wegen dahinschlendern.

Vom Innenhof aus, dessen Wände mit Schmuckornamenten und farbigen Mosaiken verziert sind, kommen wir in die Bibliothek mit ihrem knarzenden Boden und der hohen Decke, wo es nach Holz riecht und schwere, mit goldener Schrift verzierte Bücher in den Regalen stehen. Es gibt einen offenen Gebetsraum, in dem sich eine Frau gerade auf einem Tuch hingekniet hat. Laut einem Schild an einem weiteren Gebetsraum ist dieser Bereich für Betende reserviert; vor dem Eingang haben sie ihre Turn- und Lederschuhe stehen gelassen. Durch die offene Türe erspähe ich den kräftig grünen Teppich, die von der Decke hängenden schweren Lampen.

Dieses Eintauchen in die orientalische Kultur ließe sich fortsetzen mit einem Gang in den Hammam, aber da er Frauen vorbehalten ist, entscheiden wir uns mit Rücksicht auf meine männliche Begleitung für ein anderes Wohlfühlprogramm und gehen ins moscheeeigene Café mit Restaurant.

SO VIEL RUHE in dem einen Teil des Gebäudes herrscht, so quirlig geht es in dem anderen zu. Die beiden Terrassen stehen voller kleiner, runder Tische, um die Menschen sitzen, reden, lachen, gestikulieren. Kellner schlängeln sich gekonnt zwischen ihnen hindurch und balancieren auf ihren Tabletts Gläser mit dampfendem Minztee, dessen süßliches Aroma sich in der Luft verbreitet. Eine junge Frau trägt eine Platte mit orientalischem Gebäck – echte Kalorienbomben aus Pistazien, Nüssen und Honig. Weitere Berge davon locken in einer Auslage am Eingang.

Wir ergattern einen Platz in einer Ecke, von wo aus sich das Spektakel beobachten lässt, und verscheuchen die Spatzen, die eifrig heruntergefallene Krümel vom Boden aufpicken. Auch ein Blick in den Innenraum des Restaurants lohnt sich, wo auf runden Metallplatten Couscous und marokkanische Tajine serviert wird. Die Wände sind in dunklerem Türkis und kräftigen Ockerfarben gehalten und verleihen dem Raum eine behagliche Schwere. Es dauert eine ganze Weile, bis wir uns losreißen, diese exotische Oase verlassen und wieder zurückkommen nach Paris.

WENN MAN SCHON MAL **HIER** IST:

Eine der schönsten, stimmungsvollsten Einkaufs- und Bummelstraßen von Paris ist die **Rue Mouffetard** □→, die nur ein paar Straßen weiter Richtung Westen liegt. Käse- und Weinläden, Bäckereien, Boutiquen für Schmuck und Schuhe reihen sich aneinander, ebenso wie Cafés und Restaurants. Und wer nicht sitzen mag, holt sich einen salzigen oder süßen Crêpe auf die Hand.

WO PARIS WIRKLICH ROMANTISCH IST

TANGOTANZEN AN DER SEINE

LINKS DER SEINE-->

+ + + STECKBRIEF + + +

WO? ZWISCHEN PONT D'AUSTERLITZ UND PONT DE SULLY +++ METRO 7/10 JUSSIEU +++ WANN? MAI BIS SEPTEMBER TÄGLICH VON CA. 19.30 BIS 23.30 UHR +++ WIE LANGE? 1 BIS 3 STUNDEN +++ WIE VIEL? GRATIS +++

EIGENTLICH SOLLTE ES NUR ein entspanntes Picknick werden. An den Fluss wollten wir uns setzen, dem Treiben zusehen, eine Kleinigkeit essen. Franzosen zelebrieren das Essen gerne und beschränken sich dabei nicht auf Restaurants – sie lieben Picknicks. Sobald es das Wetter einigermaßen erlaubt, sitzen sie schmausend in Parks, auf Grünflächen oder am Wasser. Weil meine Freundin und ich das für eine hervorragende Idee hatten, haben wir Käse, Baguette und etwas Wein mitgebracht. Darauf, das Tanzbein zu schwingen und Tangoschritte zu wagen, war ich nicht gefasst. Ich kann nicht Tango tanzen. Doch als wir am frühen Abend beim Institut du monde arabe an das Seine-Ufer hinuntersteigen, um uns auf den Treppenstufen zu einer der drei Buchten niederzulassen, stellt ein Mann einen Gettoblaster auf, aus dem laute Rhythmen tönen.

UND WÄHREND WIR noch unseren Proviant auspacken, blickt er aufmunternd in die Runde. Bald strömen Menschen auf die Fläche oder setzen sich erwartungsvoll und sprungbereit auf die Treppen. Was geht hier vor sich?

Allmählich wird uns klar, dass wir unvermittelt in einen Tango-Tanzabend geraten sind, wie sie hier bei schönem Wetter von Frühling bis Herbst stattfinden: gratis, unter freiem Himmel und offen für alle. Die einen sind im Feierabend-Outfit gekommen, andere haben sich fein herausgeputzt, Frauen in aufregenden Roben, Männer in Anzug und Krawatte. Mehr und mehr Leute versammeln sich mit der Zeit. Alle tragen die obligatorische Gesichtsmaske. Die meisten sind ganz offenbar erprobte Tänzer, bewegen sich leicht und sinnlich zum Takt der Musik. Alt und Jung, Groß und Klein vermischen sich, und Partner, die sich fünf Minuten vorher noch nicht kannten, schmiegen sich innig aneinander und lassen sich dabei nicht im Geringsten von der grellen Beleuchtung der Touristenboote stören. Fasziniert sauge ich diese einzigartige Atmosphäre mit ihrem Spiel aus forderndem Werben und widerstrebender Hingabe auf.

EIN GROSS GEWACHSENER HERR mit grau meliertem Bart – »Salz und Pfeffer« nennen das die Franzosen – versucht sein Glück bei drei jungen Japanerinnen, die es sich mit einer Tüte Chips bequem gemacht haben, und erntet verlegene Abwehr. Dann nähert er sich uns mit entschlossenem Schritt und streckt mir mit einer angedeuteten Verbeugung die Hand entgegen – ein »Non« wäre jetzt unhöflich! Also finde ich mich auf der Tanzfläche wieder mit einem Mann, der mich um einiges überragt – an Körpergröße und vor allem an Tanzvermögen. Schnell merke ich: Was bei den anderen so mühelos raffiniert aussah, ist es keineswegs. Und doch genieße ich es, lasse mich führen, sogar drehen. An der Seine durch die Nacht zu tanzen, diese Vorstellung erschien mir bis jetzt zu kitschig, um wahr zu sein.

Als wir uns einige Zeit später beschwingt auf den Nachhauseweg machen, kommen wir an den beiden anderen Buchten am Seine-Ufer vorbei: In der einen tanzen sie Salsa, in der anderen Rock 'n' Roll. Ich kann zwar auch nicht Salsa tanzen. Aber ich weiß, wo ich morgen Abend hingehe.

WENN MAN SCHON MAL **HIER** IST:

Wer bereits am Nachmittag hier ist, sollte sich das **Institut du monde arabe** (Institut der arabischen Welt) □→ näher ansehen. Nicht nur sticht die Baukunst ins Auge, durch die Jean Nouvel seinen Durchbruch als Architekt hatte und bei der aufwendig gestaltete Blenden den Eindruck traditioneller Ornamente schaffen. Auch bietet die Terrasse des Gebäudes mit Café und Restaurant einen schönen Blick auf Paris. Der Eintritt ist kostenlos!

T GREGOIRE
MENU

WENN MAN SCHON MAL LINKS DER SEINE IST

+++ SEHEN +++
+++ ESSEN +++
+++ AUSGEHEN +++
+++ SHOPPEN +++
+++ SCHLAFEN +++

SEHEN

JARDIN DU LUXEMBOURG

Es handelt sich zwar nicht um den größten Park von Paris, aber keiner ist spektakulärer gestaltet als der Jardin du Luxembourg, der 1611 im Auftrag von Maria de' Medici im Stil der klassischen französischen Gartenkunst errichtet wurde. Es gibt Marmorstatuen, Palmen, auch das Senatsgebäude befindet sich dort. Problemlos lassen sich ein paar entspannte Stunden hier verbringen, ob auf einem der Gartenstühle oder beim Gang durch die Alleen. Für Kinder gibt es einen Spielplatz, Ponyreiten und ein Karussell, Größere können Schach oder Tennis spielen.

+++ RER B LUXEMBOURG, METRO 12 NOTRE-DAME-DES-CHAMPS +++ PARIS.FR/EQUIPEMENTS/JARDIN-DU-LUXEMBOURG-1793 +++ DIE SCHLIESSZEITEN VARIIEREN JE NACH JAHRESZEIT ZWISCHEN 17 UND 21.30 UHR +++ AN DEN AUSSENGITTERN SIND OFT FOTOAUSSTELLUNGEN ZU SEHEN +++

KIRCHE UND PLATZ SAINT-SULPICE

Seit dem Brand der Kathedrale Notre-Dame dient die ab 1646 erbaute Kirche Saint-Sulpice mit ihren zwei mächtigen Orgeln, den Kopien des Turiner Grabtuches und La Méridienne, einer Sonnenuhr aus dem 18. Jahrhundert, den Gläubigen als alternatives Gotteshaus. Mit seiner Besichtigung lässt sich wunderbar der Besuch auf der Terrasse des Café de la Mairie auf dem Platz davor verbinden, wo der Brunnen sanft plätschert.

+++ METRO 4 SAINT-SULPICE +++ TÄGL. 8-19 UHR +++ SONNTAGS NACH DER MESSE UM 11 UHR FINDEN GRATIS 30-MINÜTIGE ORGELKONZERTE STATT. INFOS UNTER AROSS.FR/EN/NEWS +++

PANTHÉON

Nur sechs Frauen befinden sich unter den 81 Persönlichkeiten, die in der Ruhmeshalle Panthéon (1764–1790) beigesetzt sind – unter ihnen die Nobelpreisträgerin Marie Curie. Interessant ist der imposante Kuppelbau im Stil römischer Architektur aber nicht nur in seiner Eigenschaft als Grabstätte von Berühmtheiten, sondern auch wegen seines prachtvollen Interieurs und der Krypta mit einem verschlungenen System von Gängen und vielen Kapellen.

+++ PLACE DU PANTHÉON +++ METRO 10 CARDINAL LEMOINE +++ PARIS-PANTHEON.FR +++ TÄGL. 10-18.30 UHR +++ EINTRITT 11,50 EURO. GRATIS FÜR ALLE UNTER 25-JÄHRIGEN +++

4

FONDATION CARTIER POUR L'ART CONTEMPORAIN

Schon das moderne Gebäude von 1984, das sich durch Glasscheiben vom lauten Boulevard Raspail abgrenzt, ist ein Kunstwerk für sich – und das Innenleben sowieso. Die Stiftung des Schmuckherstellers Cartier präsentiert als Zentrum für zeitgenössische Kunst in wechselnden Ausstellungen einerseits Werke etablierter Künstler wie David Lynch, bietet aber auch Nachwuchskünstlern wie der Deutschen Raphaela Vogel oder der Syrerin Miryam Haddad eine Plattform.

+++ 261 BOULEVARD RASPAIL +++ METRO 6/4 RASPAIL +++ FONDATIONCARTIER.COM +++ DI 11–22 UHR, MI–SO 11–20 UHR +++ EINTRITT 11 EURO, GRATIS FÜR ALLE UNTER 18-JÄHRIGEN +++

TOUR MONTPARNASSE

Böse Zungen behaupten, der schönste Blick auf Paris sei der vom Montparnasse-Turm (1973) – weil man dann den Turm selbst nicht sehen muss. Das 210 Meter hohe Bauwerk war stets umstritten, doch vom 59. Stockwerk aus bietet sich eine atemberaubende Perspektive. Auch die rasante Fahrt mit dem Aufzug hinauf macht Spaß, zumindest solange einen die Höhenangst nicht einholt.

+++ 33 AVENUE DU MAINE +++ METRO 4/6/12/13 MONTPARNASSE +++ TOURMONTPARNASSE56.COM +++ TÄGL. 11–22.30 UHR +++ EINTRITT 15 EURO (ERWACHSENE), 12.50 EURO (STUDENTEN UND 12- BIS 18-JÄHRIGE), 8 EURO (KINDER VON 4 BIS 11) +++

CHEZ PAPA JAZZ CLUB

Toll für alle Jazzliebhaber! Stimmungsvolles Restaurant, in dem das – geschmacklich wie preislich gehobene – Essen (Hauptgericht 22–31 Euro) von Jazzmusikern begleitet wird. Oder andersherum.

+++ 3 RUE SAINT-BENOÎT +++ METRO 4 SAINT-GERMAIN-DES-PRÉS +++ PAPAJAZZCLUB-PARIS.FR +++ +33 142 86 99 63 +++ DI UND DO 12–14.30 UHR, DI–SA 19.30–0 UHR, KONZERT AB 21 UHR +++

LA BOUSSOLE

Ein Essen hier ist wie eine Reise durch die Welt der Gewürze. Das Restaurant ist stimmungsvoll und das Drei-Gänge-Menü seine 32,50 Euro wert.

+++ 12 RUE GUISARDE +++ METRO 4 SAINT-GERMAIN-DES-PRÉS +++ LA-BOUSSOLE.COM +++ +33 156 24 82 20 +++ TÄGL. 12–23 UHR +++

LA MONTAGNE SANS GENEVIÈVE

Wer studentische Stimmung mitten im Studentenviertel sucht, ist hier genau richtig. Essen kann man für rund 15 Euro – und zur Happy Hour von 18.30–21 Uhr günstig trinken.

+++ 13 RUE DU POT DE FER +++ METRO 7 PLACE MONGE +++FACEBOOK.COM/LAMONTAGNESANSGENEVIEVE+++ +33 143 36 61 52 +++ MO–SA 8–2 UHR, SO 9–2 UHR +++

LE PETIT JOSSELIN

Das Viertel um Montparnasse ist voller Crêperien, in denen es eng, laut und gemütlich zugeht – diese hier ist das beste Beispiel. Es gibt eine breite Auswahl an salzigen und süßen Crêpes, dazu fließt der Cidre.

+++ 59 RUE DU MONTPARNASSE +++ METRO 6 EDGAR QUINET, METRO 4 VAVIN +++ +33 143 22 91 81 +++ MO–FR 11.30–14.30 UND 18–23 UHR, SA/SO 11.30–23 UHR +++

AUSGEHEN

SELECT □→

Sehen und gesehen werden – das funktioniert im Select seit den 1920er-Jahren! Hohe, verspiegelte Wände einer typischen Pariser Brasserie.

+++ 99 BOULEVARD DU MONTPARNASSE +++ METRO 4 VAVIN +++ LESELECTMONTPARNASSE.FR/ +++ SO–DO 7–2 UHR, FR/SA 7–3 UHR +++

LA RHUMERIE

Eine der besten Adressen für Liebhaber von Rum und Rumcocktails, dazu gibt es Tapas. Angenehme Stimmung, schönes Ambiente.

+++ 166 BOULEVARD SAINT-GERMAIN +++ METRO 10 MABILLON, METRO 4 SAINT-GERMAIN-DES-PRÉS +++ LARHUMERIE.COM +++ TÄGL. 10.30–0 UHR +++

SHOPPEN

ZADIG & VOLTAIRE

Die In-Modemarke hat mehrere Läden, darunter einen in diesem Shoppingviertel. Luxuriöser Pariser Chic, der seinen Preis hat. Nur gucken geht auch.

+++ 1 RUE DU VIEUX COLOMBIER +++ METRO 10 MABILLON +++ ZADIG-ET-VOLTAIRE.COM +++ MO–SA 10.30–19.30 UHR, SO 11–19 UHR +++

SMALLABLE

In diesem Laden gibt es Männer- und Frauenmode, Deko-Objekte, hübsche Kinder- und Babymode und Spielsachen. Ideal, wenn man ein Geschenk oder Mitbringsel für Kleine sucht.

+++ 81/82 RUE DU CHERCHE-MIDI +++ METRO 4 SAINT-PLACIDE +++ DE.SMALLABLE.COM +++ MO 14–19 UHR, DI–SA 11–19 UHR +++

SCHLAFEN

OFF PARIS SEINE

Wer nicht nur am Flussufer schlafen will, sondern wirklich auf der Seine selbst, kommt auf das erste schwimmende Hotel der Stadt. Die Zimmer wirken dem Thema gemäß wie kleine Kajüten. Am Wochenende legen abends DJs in der Bar auf. DZ ab 110 Euro ohne Frühstück.

+++ 86 QUAI D'AUSTERLITZ +++ METRO 5/10, RER C GARE D'AUSTERLITZ +++ OFFPARISSEINE.COM/DE +++ +33 144 06 62 65 +++

HOTEL DESIGN SORBONNE

Das große Plus ist die Toplage in unmittelbarer Nähe zur Sorbonne und dem Jardin du Luxembourg (siehe S. 130), von hier aus lässt sich ein großer Teil von Paris zu Fuß erkunden. Die Zimmer sind typisch pariserisch klein, aber sauber und persönlich gestaltet. Gutes Preis-Leistungs-Verhältnis mit DZ ab 140 Euro.

+++ 6 RUE VICTOR COUSIN +++ METRO 10 CLUNY LA SORBONNE +++ HOTELSORBONNE.COM +++ +33 143 54 58 08 +++

5

INVALIDEN-VIERTEL

+++ ERLEBEN +++

4roues sous
1parapluie
Escapades Location Transport Team-building Événementiel
www.4roues-sous-1parapluie.com
N°Vert 0 300 800 631
2

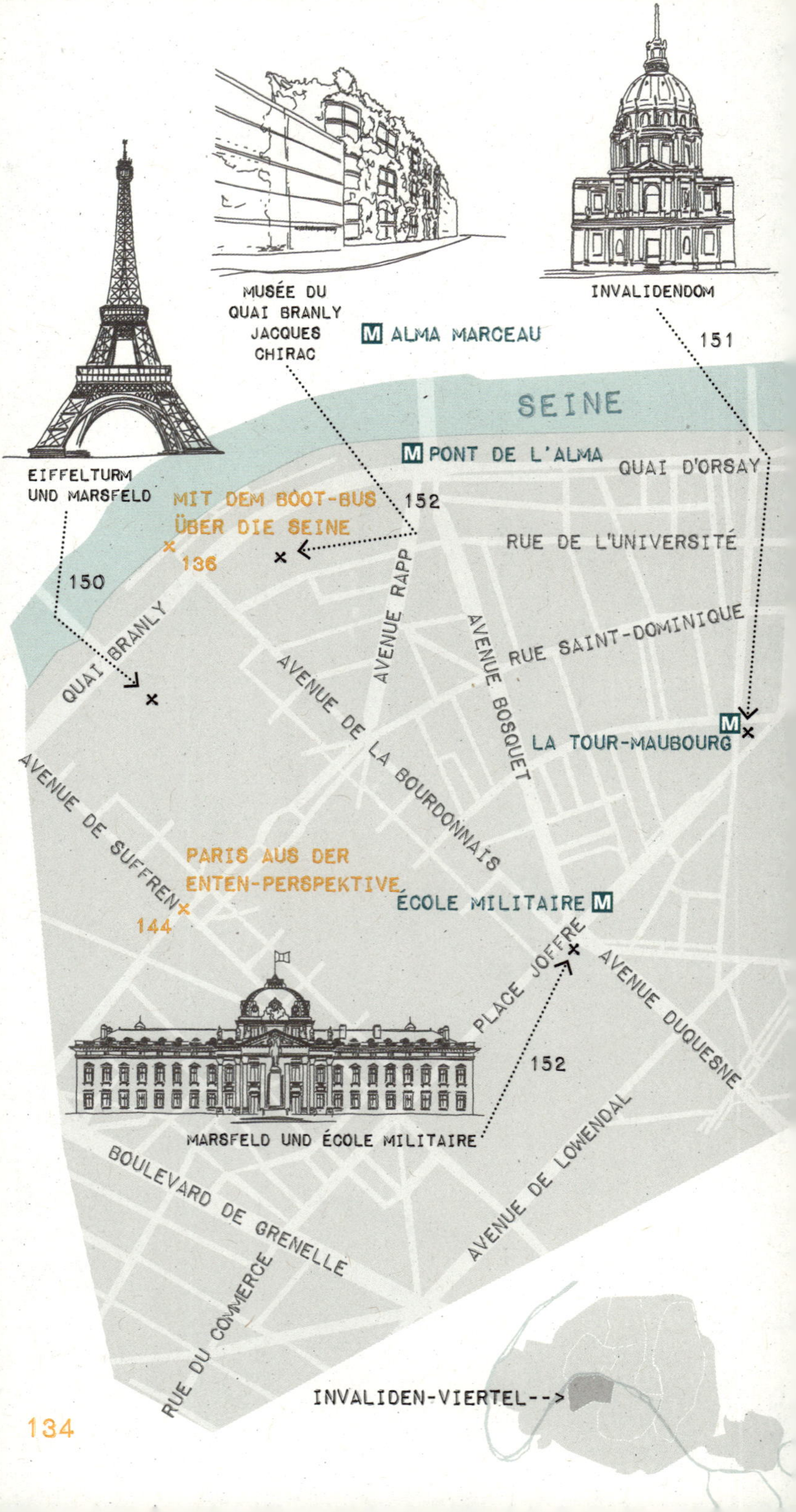
MUSÉE DU
QUAI BRANLY
JACQUES
CHIRAC
INVALIDENDOM
ALMA MARCEAU
151
SEINE
PONT DE L'ALMA
QUAI D'ORSAY
EIFFELTURM
UND MARSFELD
MIT DEM BOOT-BUS
ÜBER DIE SEINE
152
136
RUE DE L'UNIVERSITÉ
150
AVENUE RAPP
RUE SAINT-DOMINIQUE
QUAI BRANLY
AVENUE DE LA BOURDONNAIS
AVENUE BOSQUET
LA TOUR-MAUBOURG
AVENUE DE SUFFREN
PARIS AUS DER
ENTEN-PERSPEKTIVE
ÉCOLE MILITAIRE
144
PLACE JOFFRE
AVENUE DUQUESNE
152
MARSFELD UND ÉCOLE MILITAIRE
BOULEVARD DE GRENELLE
AVENUE DE LOWENDAL
RUE DU COMMERCE
INVALIDEN-VIERTEL-->

WILLKOMMEN IM VORZEIGE-PARIS der prachtvollen Gebäude! Die gibt es zwar auch anderswo in der Stadt, aber besonders gehäuft finden sie sich im schicken Westen der Stadt, wo traditionell die wohlhabende Bourgeoisie zu Hause war.

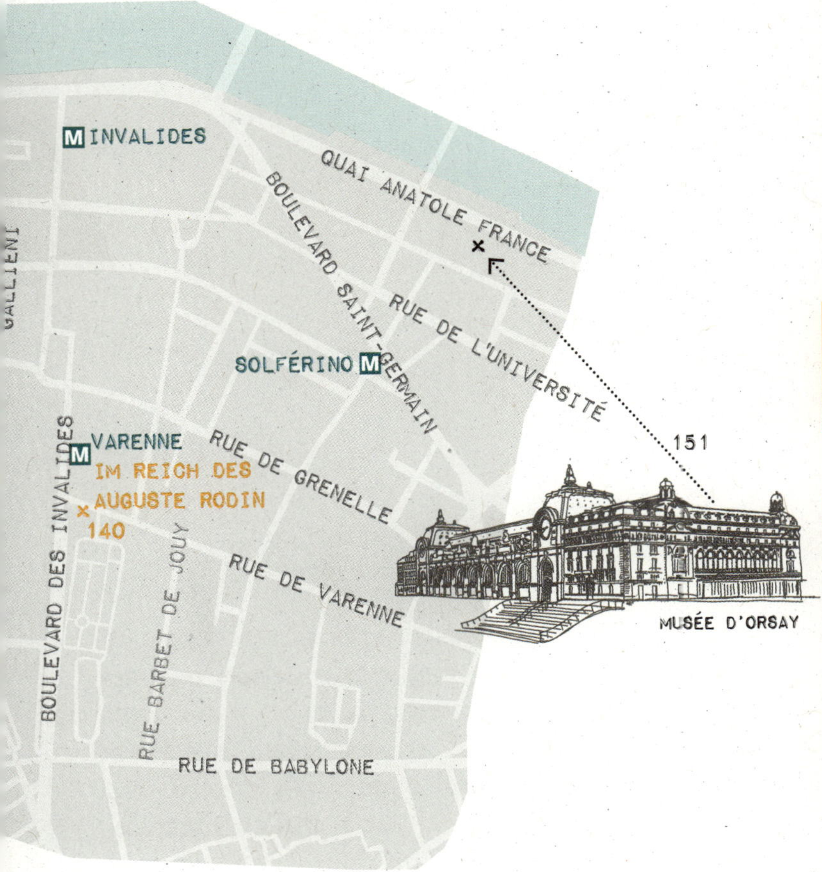

HIER RAGT DER EIFFELTURM IN DIE LUFT, nebenan im Invalidendom mit seiner goldenen Kuppel liegt Kaiser Napoleon begraben, und die breiten Boulevards strahlen bis heute Stolz und Reichtum aus.

MIT DEM BOOT-BUS ÜBER DIE SEINE

EINE STADTBESICHTIGUNG VOM WASSER AUS

M ALMA MARCEAU
M PONT DE L'ALMA

<--INVALIDEN-VIERTEL

+ + + STECKBRIEF + + +

WO? PORT DE LA BOURDONNAIS (ODER EINE DER NEUN ANDEREN STATIONEN) +++ METRO 9 ALMA-MARCEAU ODER RER C PONT DE L'ALMA +++ BATOBUS.COM/DE +++ WANN? APRIL BIS SEPTEMBER 10 BIS 21.30 UHR (EIN BOOT ALLE 20 MINUTEN). OKTOBER BIS MÄRZ 10 BIS 19 UHR (EIN BOOT ALLE 25 MINUTEN) +++ WIE LANGE? CA. 2 STUNDEN – MIT AUS- UND ZUSTIEG, WANN MAN MÖCHTE +++ WIE VIEL? FÜR EINEN 24-STUNDEN-PASS 17 EURO FÜR ERWACHSENE, 8 EURO FÜR 3- BIS 15-JÄHRIGE. FÜR EINEN 48-STUNDEN-PASS 19 BZW. 10 EURO +++ WICHTIG! DIE ANGEGEBENEN PREISE GELTEN FÜR DEN KAUF DER BATOBUS-PÄSSE VORAB IM INTERNET – DANN SIND SIE ETWAS GÜNSTIGER ALS AM SCHALTER +++

WIR WOLLEN UNS HEUTE MAL einfach durch Paris treiben lassen, ohne Zeitdruck oder konkretes Ziel. Und zwar treiben lassen im wahrsten Sinne des Wortes – auf dem Wasser in einem Batobus. So heißen die kleinen Schiffe, die bei der Fahrt über die Seine an mehreren Stationen anhalten, Passagiere aus- und zusteigen lassen und so ständig ihre Runden drehen. Ein Bus auf dem Wasser eben! Unsere Tickets sind einen Tag lang gültig. Warum mit der U-Bahn fahren, wenn man sich über den Fluss schippern lassen und eine herrliche Aussicht auf Paris genießen kann? Zugegeben, das Boot ist deutlich langsamer und fährt auch nur von Westen nach Osten und zurück. Doch wir haben es nicht eilig, und da die Seine die Stadt sehr zentral durchfließt, kann man viele wichtige Sehenswürdigkeiten aus der Perspektive der hier umherschwimmenden Schwäne betrachten.

LOS GEHT ES an diesem Morgen am Eiffelturm, unserer ersten Station. Das Boot ist nicht besonders stark besetzt, wir haben beinahe freie Platzauswahl in dem überdachten Raum und setzen uns möglichst nah ans Wasser. Die Kinder meiner Freundin Eva, Louis und Emma, finden das toll, ebenso wie die Tatsache, dass unser Kapitän, ein junger Mann mit Pferdeschwanz in eleganter Schwarz-Weiß-Uniform, beim Ablegen kräftig hupt. Wir kommen!, soll das wohl heißen. Als uns ein anderer Batobus begegnet, gibt es ein großes Hallo mit Hupen und Winken. Es geht in Richtung Invaliden-Platz, doch wir lassen uns weiter auf dem Wasser schaukeln. Auch am Musée d'Orsay, dessen große Uhr von hier unten noch prächtiger aussieht, ziehen wir vorbei. Erst bei der Haltestelle Saint-Germain-des-Prés reißen wir uns von unseren Sitzen los, denn die Idee war ja, an spannenden Stationen aus- und zuzusteigen. Durch dieses Viertel mit seinen schmalen Gassen, Boutiquen und Kunstgalerien lässt es sich wunderbar schlendern. Schließlich kehren wir in einem der Crêpes-Restaurants in der Rue Saint-André-des Arts, der Crêperie des Arts, ein, wo wir uns mit Schinken, Käse und Ei gefüllte Crêpes bestellen.

GESTÄRKT KOMMEN WIR ZURÜCK zur Haltestelle. Das nächste Boot, das uns mitnimmt, ist deutlich voller. Linker Hand blicken wir vom Wasser aus auf die Kathedrale Notre-Dame, die seit ihrem Brand 2019 eine große Baustelle ist, aber ihre charakteristische Silhouette bewahrt hat. Beim Jardin des Plantes (siehe S. 108) gehen wir wieder von Bord, um eine Runde im Park zu drehen. Bis zur nächsten Station am Rathaus wäre es auch zu Fuß nicht weit, aber Louis und Emma bestehen darauf, mit dem Boot zu fahren – und wollen von nun an bei jeder Station aussteigen. So besichtigen wir den Rathausplatz, den Louvre mit Tuilerien-Garten und den Concorde-Platz am Fuß der Champs-Élysées. Zwischen Boot und Bummeln vergeht allmählich der Tag. Doch heißt es nicht, Paris, die »Stadt der Lichter«, sei abends am schönsten? Nichts spricht gegen eine weitere Runde bei Sonnenuntergang. Auf das On-Off verzichten wir diesmal, wir lassen uns einfach übers Wasser tragen, während sich der Himmel von rosaorange in ein Nachtblau färbt.

WENN MAN SCHON MAL **HIER** IST:

Eine Alternative zum Batobus sind die klassischen Schifffahrten auf einem der **Bateaux mouches** ☐→, die auf der rechten Seite der Seine an der Brücke Pont de l'Alma (Metro 9 Alma-Marceau) starten (Erwachsene 14 Euro, Kinder von 4 bis 12 Jahre 6 Euro). Auch diese Strecke führt an vielen der schönsten Sehenswürdigkeiten vorbei – nur das Ein- und Aussteigen nach Belieben geht hier nicht. Eine Fahrt dauert 70 Minuten. Weitere Infos unter bateaux-mouches.fr.

IM REICH DES AUGUSTE RODIN

EIN ENTDECKUNGSGANG DURCH MUSEUMSGARTEN UND STADTPALAIS

<--INVALIDEN-VIERTEL

+ + + STECKBRIEF + + +

WO? 77 RUE DE VARENNE +++ METRO 13 VARENNE ODER METRO 8 INVALIDES +++ MUSEE-RODIN.FR +++ WANN? DI BIS SO VON 10 BIS 18.30 UHR +++ WIE LANGE? 1 BIS 2.5 STUNDEN +++ WIE VIEL? 13 EURO. GRATIS FÜR UNTER 18-JÄHRIGE UND 18- BIS 25-JÄHRIGE AUS DER EU +++ WICHTIG! GRATISEINTRITT AN JEDEM ERSTEN SONNTAG IM MONAT +++

ALS ICH DEN GARTEN BETRETE, beschleicht mich das Gefühl, schon einmal hier gewesen zu sein. Die akkurat zugeschnittenen Buchsbäume. Die gepflegten Rosen-Anlagen. Dahinter das prächtige Stadtpalais aus dem 19. Jahrhundert. Da fällt es mir ein: *Midnight in Paris*! In dem Woody-Allen-Streifen, einer euphorischen Hommage auf Frankreichs Hauptstadt, gibt es eine Szene, in der Carla Bruni – ehemals Model, inzwischen Chanson-Sängerin und Frau von Ex-Präsident Nicolas Sarkozy – durch das Rodin-Museum führt. Sie wurde genau hier am Eingang gedreht, wo hinter den Bäumen eine der schönsten Skulpturen von Auguste Rodin auftaucht: *Der Denker*. Er stützt den Ellenbogen aufs Knie und legt sinnierend den Kopf in die Hand. Jeder Muskel und jede Faser des athletischen Körpers der Figur sind detailgetreu ausgearbeitet. Und im Hintergrund der Eiffelturm!

DEN GANG DURCH DEN GARTEN des Museums empfinde ich als richtig meditativ. Immer wieder tun sich Ecken und Winkel mit einem Bronze-Meisterwerk des Bildhauers auf: eine naturgetreue Statue des Schriftstellers Honoré de Balzac, eine Version der Schönheitsgöttin Aphrodite oder auch Einzelfiguren aus dem Ensemble *Die Bürger von Calais*. Jede von ihnen strahlt Kraft und Entschlossenheit aus. Jean d'Aire etwa, der mit riesigen, geballten Fäusten vor mir steht, mit seinen muskulösen Unterschenkeln und den tief liegenden Augen in einem Gesicht, in das sich Falten graben. Zwischen Augenbraue und Nase hat eine Spinne ihr Netz gespannt, und auf dem Rücken der Figur klebt ein wenig Taubendreck. Doch das nimmt ihr nichts von ihrem heroischen Ausdruck.

Ich setze mich auf eine der Bänke, die überall zum Verweilen einladen, und lasse die Eindrücke auf mich wirken, bevor ich weiterziehe. Durch den Garten zu flanieren ist Kunst- und Naturgenuss in einem. Der Rundgang endet vor einem verglasten Gebäude mit Studien aus Marmor: Immer wieder hat Rodin den Schriftsteller Victor Hugo mit seinem wallenden Bart dargestellt, gerne auch Nymphen oder ein ineinander verschlungenes Liebespaar.

IM ZWEITEN MUSEUMSTEIL, dem Stadtpalais selbst, stehen noch weitaus mehr Skulpturen. Die Dauerausstellung im Untergeschoss ist chronologisch aufgebaut. Dadurch kann man Rodins künstlerischen Werdegang nachvollziehen – anhand von Porträtzeichnungen, Marmorstatuen, aufwendigen Gipsstudien. Der Blick aus der Nähe lässt erkennen, mit welcher Präzision die Werke gestaltet sind. Auch die Arbeiten aus Marmor sind von beeindruckender Finesse und Sinnlichkeit.

Ich steige in den ersten Stock des lichtdurchfluteten Hauses hinauf, wo die Kunstwerke thematisch angeordnet sind. Zu sehen gibt es hier nicht nur Rodins eigene Gemälde, sondern auch solche aus seiner persönlichen Sammlung, darunter Werke von Vincent van Gogh oder Claude Monet. Auch sie werden in beeindruckender Dichte präsentiert – ein gewisser Kontrast zum Garten, wo man die Werke nach und nach entdeckt, ja fast zwischen Bäumen und in versteckten Winkeln suchen muss. Am Schluss zieht es mich dorthin zurück, denn ich habe vorhin ein Gartencafé ausgemacht, in dem ich meinen Besuch in Ruhe mit einer Tasse Milchkaffee ausklingen lasse.

WENN MAN SCHON MAL **HIER** IST:

Wer vormittags oder zur Mittagszeit in der Gegend ist und Hunger hat, der ist in einer beliebten Caféhaus-Kette genau richtig: **Le Pain Quotidien** □→ (lepainquotidien.com) in der Rue de Varenne, in die es vom Ausgang des Rodin-Museums nach rechts geht, bietet einen üppigen Brunch an. Wenn es auch weniger sein darf, gibt es ein kleineres Frühstück, frische Salate oder frisch belegte Brote.

PARIS AUS DER ENTEN-PERSPEKTIVE

EINE STADTTOUR MIT GUIDE IM KULTIGEN CITROËN 2CV

<--INVALIDEN-VIERTEL

+ + + STECKBRIEF + + +

WO? TREFFPUNKT KANN INDIVIDUELL VEREINBART WERDEN +++ 4ROUES-SOUS-1PARAPLUIE.COM/EN +++ WANN? VERSCHIEDENE TAGE UND UHRZEITEN MÖGLICH +++ WIE LANGE? 30 MINUTEN BIS 3 STUNDEN +++ WIE VIEL? JE NACH TOUR ZWISCHEN 22 UND 108 EURO +++ WICHTIG! WER MÖCHTE, KANN BEI DER ANFRAGE ANGEBEN, WELCHES CITROËN-MODELL UND SOGAR WELCHE FARBE ER WÜNSCHT +++

ALS CHRISTOPHE meine Freundin und mich in der Avenue Suffren unweit des Eiffelturms abholt, trägt er seine Arbeitskluft, nämlich eine Baskenmütze und ein blau-weiß gestreiftes Shirt; das Matrosenhemd gilt als typisch französisch, seit es der Modemacher Jean-Paul Gaultier berühmt gemacht hat. In seinem »Dienstwagen« sitzt Christophe auch: einer gelben Citroën-Ente! Es handelt sich um eine Spezial-Edition namens James Bond, wie er uns mit Stolz in der Stimme und in gutem Deutsch erklärt. Dass das Gefährt bei jeder Kurve quietscht, als sei es seine letzte, gehört natürlich mit dazu. Er habe beim Fahren oft das Gefühl, mit dem Auto zu kämpfen, verrät uns Christophe, als er den Motor startet – beruhigend ist etwas anderes, aber er wird uns in den nächsten eineinhalb Stunden sicher durch den Pariser Stadtverkehr lenken.

HEUTE SIEHT MAN auf französischen Straßen nur noch selten Exemplare dieses Kultautos, das nach dem Zweiten Weltkrieg sehr populär war. Es wurde bis 1991 hergestellt und einst mit einer weichen Federung gebaut, damit Bauern mit dem 2CV auch auf Feldwegen fahren konnten.

Die Event-Firma »4 roues sous 1 parapluie«, also »4 Räder unter 1 Regenschirm«, bietet bei privaten Stadttouren mit Fahrer in einer Ente diverse Themen an: Paris bei Nacht, romantisches Paris, einen Ausflug nach Versailles ... Wir haben uns für eine Spritztour zu den Highlights der Stadt entschieden. Trotz des durchwachsenen Wetters hat Christophe das Dach geöffnet. Wir rattern vorbei an wuchtigen Touristenbussen, die uns aus unserer Enten-Perspektive noch größer erscheinen als sonst. Es geht die Seine mit der Nationalversammlung entlang, die man bei den Kulturerbe-Tagen immer am dritten Septemberwochenende auch von innen besichtigen kann – ein Geheimtipp von Christophe. Zu allem hat unser gesprächiger Fahrer Insiderwissen und Anekdoten parat, zur aktuellen Ausstellung im Musée d'Orsay ebenso wie zur Bar La Rhumerie (siehe S. 130) am eleganten Boulevard Saint-Germain, in der er ab und zu gerne einkehrt.

ÜBER DIE BRÜCKE PONT DE SULLY überqueren wir den Fluss, und die Ente schaukelt uns über das Kopfsteinpflaster der Île Saint-Louis, der idyllischeren der beiden Seine-Inseln. »Das Geschüttel gehört zum Ambiente«, sagt Christophe gut gelaunt. Wir gelangen auf die andere Seine-Seite, und vom Rathaus aus – in dem die Bürgermeisterin selbst längst nicht mehr wohnt, seit ihr Vorgänger in den einstigen Wohnräumen eine Kinderkrippe für den Nachwuchs von Stadtmitarbeitern einrichten ließ – tuckern wir gen Westen, schließlich die Champs-Élysées hinauf bis zum Triumphbogen. Denn eines hatte ich mir gewünscht: einmal eine Runde um Frankreichs verrücktesten Verkehrskreisel zu drehen, aber bitte nicht selbst am Steuer. Christophe ist ein umsichtiger Fahrer, dennoch fühle ich mich wie ein Kind im Karussell. Mit diesem Höhepunkt endet unsere Tour. Hier lässt Christophe uns aussteigen, aber nicht, ohne uns den Weg mit der Metro zur Rhumerie zu erklären. Dort stoßen wir dann auch auf die nette Begegnung mit ihm und dieses besondere Stadterlebnis an.

WENN MAN SCHON MAL **HIER** IST:

Zwischen Eiffelturm und Invalidendom (siehe S. 150/151) liegt eine wunderbare Straße zum Gucken, Schlendern und Einkehren, die **Rue Cler** □→, mit den Ständen von Obst- und Gemüsehändlern und den Terrassen von Cafés und Restaurants auf dem Bürgersteig. Im Tribeca (36 Rue Cler) und im Café du Marché (38 Rue Cler) gibt es französische Bistroküche, im L'Éclair (32 Rue Cler) das gleichnamige Gebäck aus Brandteig und natürlich andere feine Backwaren.

WENN MAN SCHON MAL IM INVALIDEN-VIERTEL IST

+++ SEHEN +++

+++ ESSEN +++

+++ AUSGEHEN +++

+++ SHOPPEN +++

+++ SCHLAFEN +++

EIFFELTURM

Das Wahrzeichen von Paris schlechthin – dabei hätte die »Eiserne Dame« nach ihrer Errichtung anlässlich der Weltausstellung im Jahr 1889 wieder abgerissen werden sollen! Wer sie erklimmen will, kann das entweder über die Treppenstufen oder mit dem Aufzug tun. Die Spitze befindet sich in 276 Metern Höhe und bietet einen tollen Blick über die Stadt. Am geringsten sind die Wartezeiten abends. Wenn es dunkel ist, beginnt der Turm immer zur vollen Stunde mehrere Minuten lang zu glitzern.

+++ CHAMP DE MARS +++ METRO 6 BIR-HAKEÏM ODER RER C CHAMP DE MARS-TOUR EIFFEL +++ TOUREIFFEL.PARIS/DE +++ TÄGL. 9.30–22.30 UHR +++ EINTRITT FÜR DEN AUFSTIEG ÜBER DIE TREPPE: 10,50 EURO FÜR ERWACHSENE, 5,20 EURO FÜR 12- BIS 24-JÄHRIGE, 2,60 EURO FÜR 4- BIS 11-JÄHRIGE; FÜR DIE FAHRT MIT DEM AUFZUG AN DIE SPITZE LIEGEN DIE TARIFE BEI 26,10 EURO, 13,10 EURO UND 6,60 EURO +++

MUSÉE D'ORSAY

Beides ist äußerst sehenswert: die Kunstsammlung des Museums mit Skulpturen, Grafiken, Fotografien und Gemälden, wobei besonders die Impressionisten vertreten sind, aber auch das Gebäude an sich mit seinem kuppelförmigen Glasdach und den Ornamenten aus Eisen und Stuck, das bis 1939 als Bahnhof diente.

+++ 1 RUE DE LA LÉGION D'HONNEUR +++ METRO 12 SOLFÉRINO +++ MUSEE-ORSAY.FR/DE +++ DI. MI UND FR–SO 9.30–18 UHR. DO 9.30–21.45 UHR +++ EINTRITT 16 EURO. GRATIS FÜR ALLE UNTER 25-JÄHRIGEN EUROPÄER +++ FREIER EINTRITT AN JEDEM ERSTEN SONNTAG IM MONAT! +++

INVALIDENDOM

Ursprünglich handelt es sich bei dem Bau mit der spektakulären Goldkuppel um ein im Auftrag von Ludwig XIV. im 17. Jahrhundert errichtetes Heim für kriegsversehrte Soldaten. Heute befindet sich hier neben einem nach wie vor bestehenden Krankenhaus für Kriegsinvaliden das Armee-Museum, und im prachtvoll verzierten Invalidendom liegen Kaiser Napoleon I. und andere hochrangige Militärs begraben.

+++ 129 RUE DE GRENELLE +++ METRO 8 ÉCOLE MILITAIRE ODER METRO 13 VARENNE +++ MUSEE-ARMEE.FR/DE +++ TÄGL. 10–18 UHR +++ EINTRITT 14 EURO. KOSTENLOS FÜR UNTER 25-JÄHRIGE (5 EURO FÜR DIE SONDERAUSSTELLUNG) +++

MUSÉE DU QUAI BRANLY – JACQUES CHIRAC

Das Museum für außereuropäische Kunst am Quai Branly entstand 2006 auf Betreiben des früheren Präsidenten Jacques Chirac. Untergebracht in einem Gebäude des Stararchitekten Jean Nouvel verfügt es über mehr als eine Million Objekte, von denen jeweils ein Teil in permanenten und in Wechselausstellungen gezeigt wird. Der zugehörige Garten und ein nettes Café laden zum Verweilen ein.

+++ 37 QUAI BRANLY +++ RER C PONT DE L'ALMA ODER METRO 9 ALMA-MARCEAU +++ QUAIBRANLY.FR +++ DI, MI UND FR–SO 10.30–19 UHR, DO 10.30–22 UHR +++ EINTRITT 12 EURO, GRATIS FÜR ALLE UNTER 25-JÄHRIGEN EUROPÄER +++ FREIER EINTRITT AN JEDEM ERSTEN SONNTAG IM MONAT! +++

MARSFELD UND ÉCOLE MILITAIRE

Ursprünglich war das Marsfeld ein Exerzierplatz. Heute kann man auf der gut 24 Hektar großen, aufwendig bepflanzten Grünfläche spazieren gehen, sich niederlassen und von hier aus in der einen Richtung den Eiffelturm sehen, in der anderen die daran angrenzende École Militaire, die Militärschule. In dem ausladenden Gebäude aus dem 18. Jahrhundert befinden sich bis heute drei schulische Einrichtungen im Bereich der Kriegs- und Militärischen Führung.

+++ 1 PLACE JOFFRE +++ METRO 8 ÉCOLE MILITAIRE ODER RER C CHAMP DE MARS–TOUR EIFFEL +++ MARSFELD JEDERZEIT OFFEN, DIE ÉCOLE MILITAIRE IST NICHT ZUGÄNGLICH +++

AUX CERISES

Hier gibt es in modernem Rahmen einfache Speisen für 14 bis 16 Euro, von verschiedenen Salaten – darunter der Klassiker mit warmem Ziegenkäse – über Nudelgerichte bis hin zur Hähnchenbrust.

+++ 47 AVENUE DE SUFFREN +++ METRO 8 ÉCOLE MILITAIRE +++ AUXCERISES.FR/DE +++ +33 142 73 92 97 +++ MO-DO 10-18 UHR, FR-SO 10-20 UHR +++

LE CAFÉ DU COMMERCE

Eine elegante Brasserie aus dem Jahr 1921 im Art-déco-Stil mit hohen, verspiegelten Wänden. Das Mittagsgericht gibt es ab 14,50 Euro, mit Dessert und Café für 18 Euro.

+++ 51 RUE DU COMMERCE +++ METRO 10 AVENUE ÉMILE ZOLA +++ LECAFEDUCOMMERCE.COM +++ +33 145 75 03 27 +++ TÄGL. 12-14.30 UND 19-22.30 UHR +++

CHEZ FRANÇOISE

Hier kann man neben Abgeordneten der nebenan gelegenen Nationalversammlung speisen – die Küche ist daher eher gehoben, aber ein Fleisch- oder Fischgericht ab 20 Euro zu haben. Für Figurbewusste gibt es das »Gute-Gewissen-Menü« für 29 Euro.

+++ AÉROGARE DES INVALIDES +++ METRO 8/13 INVALIDES +++ CHEZFRANCOISE.COM +++ +33 147 05 49 03 +++ TÄGL. 11.30-23 UHR +++

AU BON ACCUEIL

Der Name ist Programm, denn der Empfang ist angenehm und das Essen vorzüglich, dafür etwas hochpreisiger. Ein Drei-Gänge-Menü gibt es für 37 Euro.

+++ 14 RUE DE MONTTESSUY +++ RER C PONT DE L'ALMA +++ AUBONACCUEILPARIS.COM +++ +33 147 05 46 11 +++ MO-FR 12-14 UHR UND 18.30-22.30 UHR +++

AUSGEHEN

LE BASILE

Hier treffen sich Studenten der nahen Elitehochschule Sciences Po auf ein Glas, essen dazu Fritten oder eine Käse-Wurst-Platte und sorgen für fröhliche Stimmung.

+++ 34 RUE DE GRENELLE +++ METRO 12 RUE DU BAC +++ LEBASILE.FR/DE +++ MO–SA 7–2 UHR, SO 8.30–19 UHR +++

FAUST

Für die Party an der Seine: einer der angesagtesten Clubs der Stadt in einem Tunnel unter der Brücke. Dazu gehören eine Cocktailbar und eine große Terrasse.

+++ PONT ALEXANDRE III +++ METRO 8/13 INVALIDES ODER RER C INVALIDES +++ COCKTAILBAR TÄGL. 15–0 UHR, CLUB DO–SO 23–5 UHR +++

SHOPPEN

KAUFHAUS LE BON MARCHÉ

Eines der traditionellen Pariser Kaufhäuser, das alles von Feinkost über Kleidung bis zu Schuhen anbietet. Wer nichts kaufen möchte, kann auch einfach flanieren.

+++ 24 RUE DE SÈVRES +++ METRO 10/12 SÈVRES-BABYLONE +++ LEBONMARCHE.COM +++ MO–SA 10–19.45 UHR, SO 11–19.45 UHR +++

LA GRANDE ÉPICERIE

Wer nicht ohne französische Delikatessen heimfahren möchte, findet hier alles, was der Gaumen begehrt: Wein, Aufstriche, Gebäck, Schokolade ...

+++ 38 RUE DE SÈVRES +++ METRO 10/12 SÈVRES-BABYLONE +++ LAGRANDEEPICERIE.COM +++ MO-SA 8.30-21 UHR, SO 10-20 UHR +++

SCHLAFEN

CLER HOTEL

Ein vor einigen Jahren vollständig renoviertes Drei-Sterne-Hotel in schlichtem Design. Sein großes Plus ist die Lage in der Marktstraße Rue Cler: Kaum aus der Türe, findet man sich zwischen Cafés, Feinkost-, Obst- und Gemüseläden wieder. Preislich geht es bei 140 Euro für ein Doppelzimmer ohne Frühstück los, je nach Saison und Angebot.

+++ 24 RUE CLER +++ METRO 8 LA TOUR-MAUBOURG +++ CLERHOTEL.COM +++ +33 145 00 18 06 +++

HOTEL DE LA BOURDONNAIS

In diesem Viertel wohnt es sich dank der gehobenen Umgebung eher schick, und dazu passt dieses Boutique-Hotel, das Zimmer mit Terrasse und Blick auf den quasi benachbarten Eiffelturm bietet. Ein Doppelzimmer mit Frühstück kostet ab ca. 130 Euro, manchmal gibt es Schnäppchen-Angebote auch bereits ab 115 Euro.

+++ 111-113 AVENUE DE LA BOURDONNAIS +++ METRO 8 ÉCOLE MILITAIRE +++ HOTELLABOURDONNAIS.COM +++ +33 147 05 45 42 +++

6

OSTEN VON PARIS

+++ ERLEBEN +++

Claude Monet

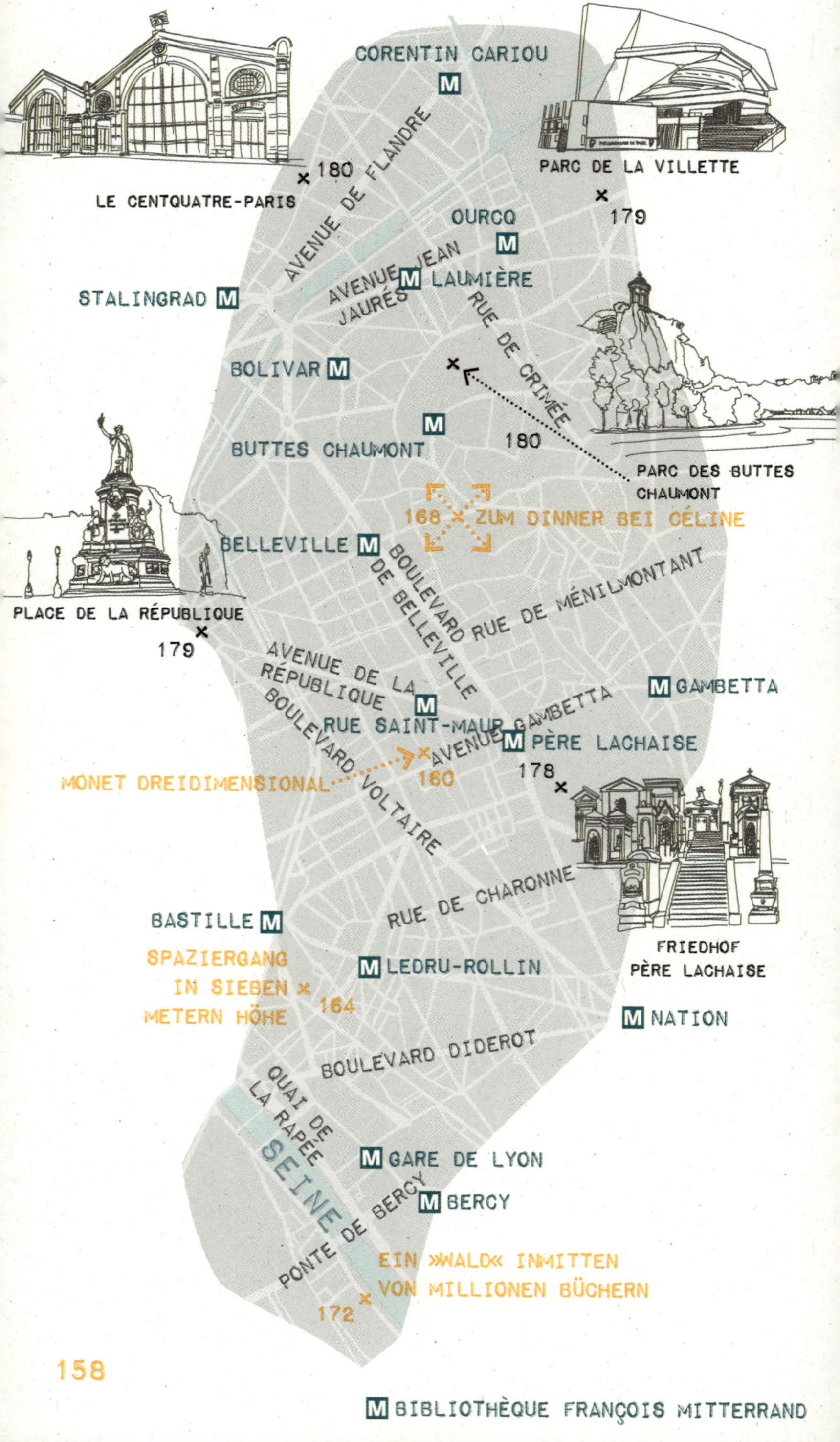

CORENTIN CARIOU
LE CENTQUATRE-PARIS
180
PARC DE LA VILLETTE
179
AVENUE DE FLANDRE
OURCQ
AVENUE JEAN JAURÉS
LAUMIÈRE
STALINGRAD
RUE DE CRIMÉE
BOLIVAR
BUTTES CHAUMONT
180
PARC DES BUTTES CHAUMONT
168
ZUM DINNER BEI CÉLINE
BELLEVILLE
BOULEVARD DE BELLEVILLE
RUE DE MÉNILMONTANT
PLACE DE LA RÉPUBLIQUE
179
AVENUE DE LA RÉPUBLIQUE
GAMBETTA
RUE SAINT-MAUR
AVENUE GAMBETTA
PÈRE LACHAISE
BOULEVARD VOLTAIRE
MONET DREIDIMENSIONAL
160
178
RUE DE CHARONNE
BASTILLE
FRIEDHOF PÈRE LACHAISE
SPAZIERGANG IN SIEBEN METERN HÖHE
164
LEDRU-ROLLIN
NATION
BOULEVARD DIDEROT
QUAI DE LA RAPÉE
SEINE
GARE DE LYON
PONTE DE BERCY
BERCY
EIN »WALD« INMITTEN VON MILLIONEN BÜCHERN
172
BIBLIOTHÈQUE FRANÇOIS MITTERRAND

KEIN STADTTEIL hat in den letzten zehn, fünfzehn Jahren so viel Aufwertung erfahren wie der Pariser Osten. Befanden sich hier einst ärmliche Arbeiterviertel, so haben ihn längst Kreative, Nachtschwärmer und »BoBos« – eine Wortschöpfung aus »Bourgeois« (bürgerlich) und »Bohème«, das Pendant zum ökobewussten Hipster – für sich entdeckt.

NICHT ZUFÄLLIG suchten sich die Drahtzieher der Pariser Terrorattentate am 13. November 2015 dieses Viertel aus, um die Terrassen von Bars und Cafés und einen Konzertsaal anzugreifen – denn hier sprudelt das Leben über. Was sich seit 2015 zum Glück auch nicht geändert hat.

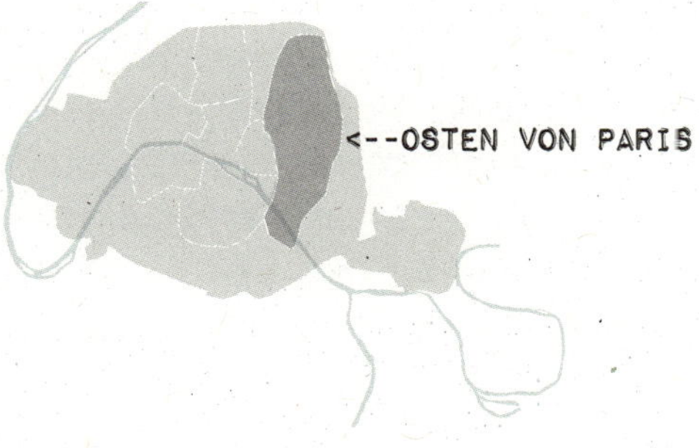

MONET DREIDIMENSIONAL

EIN BESUCH IM DIGITALEN KUNSTZENTRUM ATELIER DES LUMIÈRES

<--OSTEN VON PARIS

M RUE SAINT-MAUR
M PÈRE LACHAISE

+ + + STECKBRIEF + + +

WO? 38. RUE SAINT-MAUR +++ METRO 9 SAINT-AMBROISE. METRO 3 RUE SAINT-MAUR ODER METRO 2 PÈRE LACHAISE +++ ATELIER-LUMIERES.COM +++ WANN? MONTAG BIS DONNERSTAG 10-18 UHR. FREITAG UND SAMSTAG 10-22 UHR. SONNTAG 10-19 UHR +++ WIE LANGE? 1 BIS 2 STUNDEN +++ WIE VIEL? EINTRITT 16 EURO. UNTER 26-JÄHRIGE 11 EURO. FÜR UNTER 5-JÄHRIGE GRATIS +++

ES IST EIN GEFÜHL, wie wenn man schon etwas spät fürs Kino dran ist und durch den schwarzen Vorraum in den Vorführsaal tritt, ohne zu wissen, was einen dort erwartet: grelle Werbespots oder schon der Film? Aus der beinahe totalen Dunkelheit des Vorraums kommend, stoße ich die Türe in den großen Saal des Ateliers des Lumières auf – und finde mich im Geflimmer der Lichter wieder, an das sich meine Augen erst einmal gewöhnen müssen. Ich nehme einen Strom von Bildern von Henri Matisse in kräftigen Tönen wahr, die sich, einander abwechselnd, im Rhythmus klassischer Musik bewegen. Wohin ich mich auch wende – aus allen Richtungen kommen sie, tauchen auf, tauchen ab, scheinen regelrecht zu tanzen. Als ich auf den Boden unter meinen Füßen blicke, erkenne ich, dass ich auf einem dorthin projizierten Obstkorb stehe.

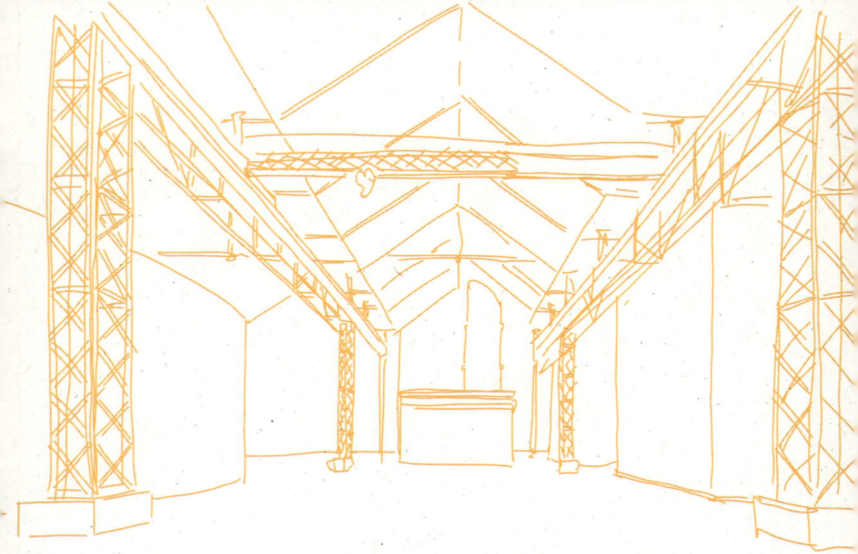

DAS ATELIER DES LUMIÈRES, das »Lichter-Atelier«, ist ein digitales Kunstzentrum, das 2018 in einer ehemaligen Bleigießerei aus dem 19. Jahrhundert entstand. In der weitläufigen Halle mit ihren zehn Meter hohen und 80 Meter langen Mauern werfen insgesamt 140 Laserprojektoren 500 Werke auf Böden, Leinwände und eine Säule in der Mitte – und zwar weder gleichzeitig noch statisch. Jedes Jahr wechselt das Programm, und es werden Werke anderer Künstler gezeigt.

Gemächlich bewege ich mich in dem Raum. Die anderen Besucher erscheinen als schwarze Schatten, als seien sie Teil der Kunst. Paare stehen umschlungen nebeneinander, Kinder springen umher – selten dürften sie sich bei einem Museumsbesuch so frei gefühlt haben. Ich trete nahe an eine Wand heran, versuche, die Palme auf einem Bild von Raoul Dufy zu berühren – und fasse nur die kalte Betonwand an.

Zur Orientierung scheint an den Wänden auf, wessen Werke gerade gezeigt werden: Claude Monet, Camille Pissarro, Auguste Renoir ... Ich kenne manche der Bilder, aber hier sehe ich sie in völlig neuem Licht. Dasselbe gilt für Monets Seerosen, die jetzt überall aufscheinen, ganz so, als sei der Raum selbst ein impressionistisches Gemälde.

EIN SCHILD WEIST MIR DEN WEG in einen weiteren Raum, »Le Studio«, der kleiner ist und in dem experimentelle Filme gezeigt werden. Hier gerät der Zuschauer in einen verwirrenden Strudel aus Linien, Farben, Tupfern.

Ich bleibe ein wenig, doch letztlich sind mir klassischere Werke lieber, und zurück in der Haupthalle steige ich eine Treppe hinauf. Belohnt werde ich mit einem Ausblick von oben auf die Farbexplosionen an den Wänden der ehemaligen Fabrik mit ihren 1.500 Quadratmetern. Als die Vorstellung vorbei ist und nach einer kurzen Pause von vorne beginnt, bleibe ich einfach, selbst wenn ich die Bilder und ihre Abfolgen schon kenne, betrachte sie von einem anderen Standort aus, lasse mich erneut in den dreidimensionalen Fluss der Farben und Formen hineinziehen und vergesse die Zeit. Regelrecht losreißen muss ich mich, um schließlich doch die Türe Richtung Ausgang zu suchen. Als ich hindurchgehe, fühle ich mich, als träte ich aus einem Kinosaal zurück in die reale Welt, den Kopf noch voller Bilder.

WENN MAN SCHON MAL **HIER** IST:

Die **Rue Saint-Maur** ist eine tolle und zu Recht beliebte Ausgeh-Straße. Die Kneipen, Gaststätten und Bars reihen sich hier aneinander □→. Wem das noch nicht genügt, der zieht weiter in die nahe gelegene Rue Oberkampf oder Richtung Nordosten ins hippe Multi-Kulti-Viertel **Belleville**. Arabisch, afrikanisch, asiatisch – hier mischen sich die verschiedensten Einflüsse, wunderbar zu testen in einem der vielen kleinen Restaurants.

SPAZIERGANG IN SIEBEN METERN HÖHE

AUF DEM NATURWEG »COULÉE VERTE« ENTLANG ALTER EISENBAHNGLEISE

+ + + S T E C K B R I E F + + +

WO? 44 RUE DE LYON +++ METRO 8 LEDRU-ROLLIN ODER 1/5/8 BASTILLE +++ WANN? MONTAG BIS FREITAG 8 BIS 19 UHR (MÄRZ), BIS 20.30 UHR (APRIL UND SEPTEMBER), BIS 21.30 UHR (MAI BIS AUGUST), 19.30 UHR (OKTOBER), 17.45 UHR (NOVEMBER BIS FEBRUAR), SAMSTAG UND SONNTAG AB 9 UHR +++ WIE LANGE? 1 BIS 2 STUNDEN +++ WIE VIEL? GRATIS +++ WICHTIG! ES GIBT MEHRERE AUF- UND ABGÄNGE UND AN DER ADRESSE 34 RUE DE LYON AUCH EINEN AUFZUG +++

EIN VERSTECKTER WANDERWEG mitten in Paris, nur ein paar Schritte vom Bastille-Platz entfernt? Den will ich ausprobieren, seit ich davon gehört habe! Als ich in der Rue de Lyon stehe, blicke ich hoch – wie oft bin ich hier vorbeigekommen, aber die Treppe an dem ehemaligen Eisenbahnviadukt habe ich immer übersehen! Jetzt entdecke ich hier auch das grüne Schild mit Informationen zur »Coulée verte René-Dumont«. René Dumont, so lerne ich, war ein Agrarwissenschaftler, der 1974 als erster grüner Kandidat bei der französischen Präsidentschaftswahl antrat. Er scheiterte, galt jedoch als wichtiger Vorkämpfer für die Ökologie. Der nach ihm benannte Naturpfad verläuft entlang einer einstigen Eisenbahntrasse rund 4,5 Kilometer gen Osten bis zum Stadtwald Bois de Vincennes – nicht über den Dächern von Paris, aber doch abgehoben vom Trubel der Stadt.

EIN PAAR STUFEN SPÄTER STEHE ich rund sieben Meter über der Straße und werde von Street-Art-Kunstwerken begrüßt, die mich in eine fantastische, grellgrüne Pflanzenwunderwelt versetzen. Ich mache mich buchstäblich auf den Weg, der üppig bewachsen ist – eine Mischung aus wilder Vegetation und gärtnerischer Gestaltung, mit einem Wasserbassin und Bögen für Kletterpflanzen. Eingerichtet wurde der Pfad in den späten 1980er-Jahren, als die Eisenbahnlinie längst stillgelegt war. Von 1859 bis 1969 hatte sie den Bahnhof der Bastille mit dem Städtchen Verneuil-l'Étang verbunden. Heute fährt der Zug dorthin unterirdisch, und hier oben entstand dieser Geheimtipp für Flaneure und Jogger. Etliche Bänke laden zu einer Pause ein, doch die brauche ich gerade nicht und gehe oberhalb der Avenue Daumesnil entlang, die ich von hier aus gut im Blick habe: Aus der Vogelperspektive wirken die Menschen, die auf den Gehsteigen vorbeieilen, klein, aber die Gebäude, die auf beiden Seiten in den Himmel ragen, immer noch riesig. Moderne Betonbauten, Backsteinhäuser und immer wieder auch jene für Paris so typischen prächtigen Fassaden mit Minibalkonen, die der einflussreiche Stadtplaner Baron Haussmann im 19. Jahrhundert entwarf.

SELBST JETZT IM WINTER erscheint die Vegetation um mich herum abwechslungsreich. Es geht auf eine lang gezogene Brücke zu, die ein Feld aus sattem Grün überspannt. Zu meiner Rechten befindet sich der hübsch angelegte Park Jardin de Reuilly, und ein Weg führt bergab bis zu einem Häuschen, vor dem ein Schild angebracht ist: »Eau de Paris«, Wasser aus Paris, steht darauf. Es handelt sich um eine der 13 Fontänen in der Stadt, die gratis klares Sprudelwasser spenden. Gerne schütte ich das laue Leitungswasser aus meiner mitgebrachten Flasche und fülle sie frisch auf. Ab hier befinde ich mich wieder auf einer Ebene mit der Straße. Die Allée Vivaldi mündet in einen Tunnel mit Graffiti-Kunstwerken in seinem Inneren – ein Wolf und ein Tiger starren mich an. Zuletzt führt der Weg durch eine Art begrüntes Tal, das durch hohe Mauern von der Straße abgeschirmt ist, bevor man wieder in die Pariser Stadtatmosphäre eintaucht. Nun ist es nicht mehr weit bis zum Bois de Vincennes. Für heute bin ich aber genug gelaufen, meinen Ausflug in die grüne Oase in luftiger Höhe lasse ich daher gemütlich in einem Café ausklingen.

WENN MAN SCHON MAL **HIER** IST:

Viaduc des Arts ⇨ heißt der Backsteinbau mit seinen Arkadenbögen unter der ehemaligen Eisenbahntrasse, der sich über 1,5 Kilometer die Straße entlang erstreckt. In den Räumlichkeiten des Gebäudes haben sich 37 Läden angesiedelt, darunter viele handwerklich arbeitende Betriebe wie Möbelbauer oder Restauratoren, aber auch Antiquitätenhändler, Galerien, Delikatessengeschäfte und Restaurants. Perfekt für einen entspannten, genussreichen Bummel!

ZUM DINNER BEI CÉLINE

EINLADUNG IN EINE PARISER PRIVATWOHNUNG

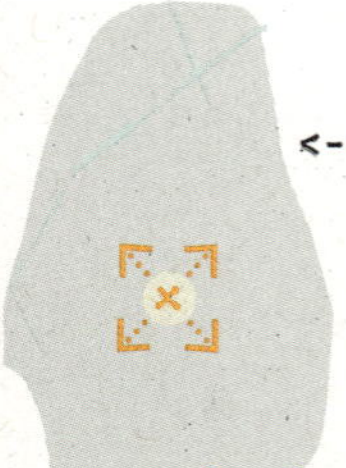

<--OSTEN VON PARIS

+ + + S T E C K B R I E F + + +

WO? ÜBERALL IN DER STADT +++ DE.EATWITH.COM +++ WANN? JE NACH ANGEBOT UND BUCHUNG +++ WIE LANGE? 2 BIS 4 STUNDEN +++ WIE VIEL? PREIS DURCHSCHNITTLICH 50 EURO +++ ANGEBOTE UND BUCHUNG UNTER EATWITH.COM +++

HEUTE BIN ICH bei Céline eingeladen, das heißt: Ich habe mich selbst bei ihr eingeladen. Soll ich ein Gastgeschenk mitbringen? Eine Flasche Wein, einen Strauß Blumen? Ist das angemessen, wo ich doch für meinen Besuch bezahlt habe? Man bringt schließlich auch kein Geschenk mit, wenn man ins Restaurant geht. Aber es handelt sich eben nicht um ein Restaurant: Céline ist Französin, Hobbyköchin und hat sich auf der Internetseite *eatwith* angemeldet, um Gäste aus aller Welt zum Essen zu empfangen. Ich wiederum bin neugierig, eine Pariser Wohnung von innen zu sehen, ein »typisch französisches« Dinner zu probieren und internationale Bekanntschaften zu schließen. Unter all den Angeboten, die von einem gemütlichen Brunch bis zu gemeinsamem Crêpes-Backen reichen, sprach mich das von Céline besonders an.

MIT EINER PACKUNG PRALINEN in der Hand gebe ich vor ihrer Haustüre in der Nähe des Ostbahnhofs den in Paris üblichen Türcode ein, den ich vorab erhalten habe. Dann klingele ich, um durch die zweite Türe zu gelangen, steige die schmalen Treppenstufen in den fünften Stock hinauf – und da steht meine Gastgeberin mit einem breiten Strahlen. »Welcome! Bonsoir! Please come in!«, begrüßt mich Céline auf Englisch mit französischem Akzent. Zwei weitere Gäste warten schon in ihrer Dachwohnung: Katy und Johnny aus Hawaii, jeweils ein Champagnerglas in der Hand. Sie sind schon länger in Europa unterwegs und haben genug davon, in Touristenfallen zu stolpern. Wenigstens einmal wollten sie dinieren wie die Franzosen.

An der Bar, wo wir den Aperitif einnehmen, hat Céline Kerzen angezündet, Oliven und Chips hingestellt. In Frankreich wärmt man sich bei Small Talk und Häppchen auf, bevor es zu Tisch geht, mag der Magen noch so knurren. Wir reden über Frankreich, Deutschland, Hawaii – und vor allem: über Essen. Irgendwann öffnet Céline eine Flasche Weißwein, bittet uns an den kleinen, sorgsam gedeckten Tisch und bringt Gänsestopfleber (Foie gras) mit Baguette.

INZWISCHEN sprechen wir über Klischees, über vermeintlich überpünktliche Deutsche, scheinbar oberflächliche Amerikaner und angeblich arrogante Franzosen. Bald macht Céline noch eine Flasche auf, dieses Mal Rotwein, zu dem sie sehr leckere gebratene Entenbrust mit Kartoffeln und Gemüse serviert. Hunger kann es nicht sein, der uns später dazu treibt, auch bei der Käseplatte zuzugreifen: Camembert, Ziegenkäse, Comté-Hartkäse. Wir diskutieren über das Flirtverhalten der Franzosen – mit fortgeschrittener Stunde werden wir immer lauter und lockerer. Es geht schon auf Mitternacht zu, als Céline mit dem letzten Gang herausrückt, einem Schokoladenkuchen mit flüssigem Kern namens Fondant au chocolat. Wie die Franzosen es schaffen, trotz solcher Schlemmervorlieben zu den schlankesten Völkern der Welt zu gehören, ist mir schleierhaft. Lautstark diskutieren wir dieses Thema, während Céline Kräutertee zum Verdauen kocht. Als wir spät in der Nacht auseinandergehen, haben wir unsere E-Mail-Adressen ausgetauscht – und nicht nur gut gegessen, sondern auch das Gefühl, neue Freunde gefunden zu haben.

WENN MAN SCHON MAL **HIER** IST:

Lange galt die **Rue Saint-Denis** □→ eher als düstere Gegend, dominiert von Zuhältern, Prostituierten und deren Kunden. Doch inzwischen wurde der Pariser Straßenstrich weitgehend verdrängt – von reihenweise Cafés und Restaurants, auch in der Verlängerung der Straße, der **Rue du Faubourg Saint-Denis** Richtung Ostbahnhof. In einem der multikulturellsten Stadtviertel bleibt es zu fast jeder Tages- und Nachtstunde lebendig.

EIN »WALD« INMITTEN VON MILLIONEN BÜCHERN

TOUR DURCH DIE GROSSE BIBLIOTHEK VON PARIS

<--OSTEN VON PARIS

+ + + STECKBRIEF + + +

WO? QUAI FRANÇOIS MAURIAC +++ METRO 14 ODER RER C BIBLIOTHÈQUE FRANÇOIS MITTERRAND +++ BNF.FR +++ WANN? AUF FRANZÖSISCH: MITTWOCH UND SONNTAG UM 17 UHR, SAMSTAG UM 15 UHR +++ WIE LANGE? CA. 1,5 STUNDEN +++ WIE VIEL? 3 EURO +++ TOUREN IN ENGLISCHER UND DEUTSCHER SPRACHE SIND MÖGLICH, MÜSSEN ABER VORAB RESERVIERT WERDEN UNTER VISITES@BNF.FR ODER TELEFONISCH +33 153 79 49 49 +++

EIGENTLICH BIN ICH wegen des Waldes gekommen. Üppig wuchert er inmitten der Bibliothek, und die Lesenden sehen ihn durch die Glasfenster, fast so, wie früher die Studierenden in einem Kloster auf den Garten als meditativen Ruhepol blicken konnten. Und wie bei einem Kloster mit vier Eckpfeilern verfügt auch die Bibliothek François Mitterrand über vier hohe Türme. Benannt wurde sie nach dem früheren französischen Präsidenten, der ihren Bau bis zur Einweihung 1995 vorangetrieben hat. Landläufig heißt sie auch »Große Bibliothek« – und das ist passend, beherbergt sie doch 20 Millionen Bücher in Regalen mit einer Gesamtlänge von 400 Kilometern. Und eben den dschungelhaften Wald auf einer Fläche von gut einem Hektar, den uns Marie, Spezialistin für die drei Pariser Standorte der französischen Nationalbibliothek, kurz BnF, präsentiert.

DIE NATUR, SAGT SIE, kann sich hier entfalten, ohne dass Menschenfüße in ihr herumtrampeln, denn Zugang haben nur die Gärtner. Das verhindert auch, dass Besucher mit ihren Schuhen Pollen an den Ort tragen, in dem wertvolle alte Bücher lagern.

Schautafeln beschreiben das ungewöhnliche Ökosystem – und wie in den 90er-Jahren 126 Waldkiefern aus der Normandie umgesiedelt wurden, da es von Anfang an ausgewachsene Bäume geben sollte. Inzwischen sind auch die neu gepflanzten Weißbuchen und Birken groß geworden, dazwischen ranken sich Farn und Buschwerk. Damit Efeu und wildes Brombeergestrüpp nicht komplett überhandnehmen, dürfen manchmal Ziegen hier weiden. Ich glaube sie in Form weißer Flecken im Gebüsch zu erkennen.

Beim Rundgang erklärt Marie auch die Architektur des wuchtigen Gebäudes aus Metall, Beton und Glas, die aus der Bibliothek François Mitterrand zur Zeit ihres Baus eine der modernsten Bibliotheken der Welt machte. Unsere Expertin öffnet schwere Türen, die Normalbesuchern verschlossen bleiben, und zeigt uns die ausgeklügelte Schienentechnik an den Decken, mit der die Bücher von ihrem Regal an einen anderen Ort transportiert werden können.

ES RATTERT UND SCHEPPERT hinter den Kulissen der Bibliothek, in deren Lesesälen es so still ist. Als wir diese durchqueren, schweigen wir und blicken immer wieder ehrfürchtig auf den Wald hinter den Glasscheiben. In mehreren Räumen gibt es wechselnde Ausstellungen – eine davon präsentiert gerade Schwarz-Weiß-Fotografien, eine andere Kinoplakate, von denen in der BnF 40.000 Stück lagern. Dauerhaft stehen hier die zwei Coronelli-Globen mit einem Durchmesser von jeweils vier Metern, die der Kosmograf Vincenzo Coronelli Ende des 17. Jahrhunderts für König Ludwig XIV. anfertigte. Sie zeigen die damals bekannte Welt sowie den Stand der Sterne bei der Geburt des Sonnenkönigs – faszinierende Werke, die zum Schatz der BnF gehören.

Der Höhepunkt des Rundgangs kommt aber ganz am Schluss, als wir in die 22. und letzte Etage eines der vier Türme in 80 Meter Höhe fahren; auch das ist den anderen Bibliotheksbesuchern verwehrt, dabei eröffnet sich von hier aus ein sagenhafter Ausblick auf Paris. Und wenn man fast senkrecht nach unten blickt, erspäht man auch den Wald, der wie ein grünes Juwel inmitten der Büchertürme liegt.

WENN MAN SCHON MAL **HIER** IST:

Von der BnF ist es nicht weit zum **Cour Saint-Émilion** □→, einem dorfähnlichen Vergnügungsviertel auf der anderen Seite der Seine mit Bars, Geschäften, Restaurants und einem Kino. Über den Fluss kommt man zum Beispiel über die doppelt geschwungene Brücke, die nach der Philosophin Simone de Beauvoir benannt und eine der elegantesten der Stadt ist.

WENN MAN SCHON
MAL IM OSTEN
VON PARIS IST
+++ SEHEN +++
+++ ESSEN +++
+++ AUSGEHEN +++
+++ SHOPPEN +++
+++ SCHLAFEN +++

SEHEN

↑10

FRIEDHOF PÈRE-LACHAISE

Einen Friedhof besichtigen – das klingt zunächst morbide. Doch ein Besuch auf dem Père-Lachaise, dem größten Friedhof von Paris, ist nicht nur wegen der Gräber berühmter Persönlichkeiten von Édith Piaf über *The-Doors*-Sänger Jim Morrison bis Oscar Wilde lohnend. Er erlaubt auch eine Reise durch die Zeit, vorbei an oft sehr alten Familiengräbern, die wie regelrechte Altäre aussehen, Skulpturen tragen und von Pflanzen und Efeu umrankt werden. Auch eine Führung (deutsch) kann interessant sein, bei der die besonders sehenswerten der 69.000 Grabdenkmäler angesteuert werden, ohne dass man sie mühsam auf dem Plan suchen muss.

+++ 16 RUE DU REPOS +++ METRO 2/3 PÈRE LACHAISE +++ PERE-LACHAISE.COM +++ MO–FR 8–18 UHR, SA 8.30–18 UHR, SO 9–18 UHR +++ EINTRITT GRATIS, FÜHRUNGEN FÜR 19 EURO PRO PERSON +++

PLACE DE LA RÉPUBLIQUE

Weltweite Berühmtheit erlangte dieser Platz nach dem islamistischen Anschlag auf das nahe gelegene französische Satiremagazin *Charlie Hebdo* im Januar 2015: Millionen von Menschen demonstrierten hier, um ein Zeichen gegen den Terror zu setzen. Seit jeher ist der Platz der Republik sehr beliebt für Protestaktionen. Bei Sonnenschein kann man sich auf einem der aufgestellten Stühle niederlassen, es gibt ein Café, und Skateboarder treffen sich regelmäßig auf dem Platz, um ihre Künste zu zeigen und zu trainieren.

+++ PLACE DE LA RÉPUBLIQUE +++ METRO 3/5/8/9/11 RÉPUBLIQUE +++

PARC DE LA VILLETTE

Der größte Park von Paris hat sich zu einem kulturellen Zentrum entwickelt: Dort befinden sich zwei Konzerthallen, das Museum für Wissenschaft und Industrie, ein Konservatorium und die neue Philharmonie, ein auffälliger Bau des Stararchitekten Jean Nouvel, der einen tollen Ausblick von oben und neben Konzerten auch Ausstellungen über Musik bietet.

+++ 221 AVENUE JEAN JAURÈS +++ METRO 5 PORTE DE PANTIN ODER METRO 7 CORENTIN CARIOU +++ LAVILLETTE.COM +++ TÄGL. GEÖFFNET +++ GRATIS, ABGESEHEN VOM MUSEUM FÜR WISSENSCHAFT UND INDUSTRIE (12 EURO, KINDER 9 EURO) UND DEM MUSIKMUSEUM IN DER PHILHARMONIE (9 EURO, GRATIS FÜR UNTER 26-JÄHRIGE) +++

LE CENTQUATRE-PARIS

Eines der spannendsten Kulturzentren der Stadt mit einer breiten Programmauswahl. Auf 39.000 Quadratmetern finden Lesungen, Kinovorführungen, Workshops und Treffen mit Künstlern statt, von denen einige übrigens hier wohnen. Zudem gibt es Ausstellungen, Theateraufführungen, Zauberei. Besonders empfehlenswert: die Tanzvorstellungen – dabei stört auch keine Sprachbarriere. Manche der Sport- und Tanzkurse hier sind kostenlos. Auch für Kinder gibt es ein regelmäßiges Angebot: Ein Blick auf die Internetseite lohnt sich.

+++ 5 RUE CURIAL +++ METRO 7 CRIMÉE ODER RIQUET +++ DI–FR 12–19 UHR, SA/SO 11–19 UHR +++ 104.FR +++

PARC DES BUTTES CHAUMONT

Mit seiner Fläche von 25 Hektar handelt es sich um einen der größten Parks der Stadt – und auch einen der schönsten. 1867 wurde er zur damaligen Weltausstellung als Landschaftsgarten nach englischem Vorbild eröffnet. »Butte«, auf Deutsch Anhöhe, deutet bereits an, dass er höher gelegen ist. Wer kein Picknick mitgebracht hat, kehrt in einem der dortigen Cafés (zum Beispiel dem Rosa Bonheur, 2 Allée de la Cascade) oder Restaurants ein.

+++ 1 RUE BOTZARIS +++ METRO 7B BUTTES CHAUMONT/BOTZARIS +++ BUTTESCHAUMONT.FREE.FR +++ GEÖFFNET 1. MAI BIS 20. SEPTEMBER 7–22 UHR, 21. SEPTEMBER BIS 30. APRIL 7–20 UHR +++

CAFÉ DES ANGES

Eines meiner Lieblingsbistros in Paris! Ich mag die gemütliche Stimmung im Inneren und die kleine Terrasse, die nette Bedienung, die leckeren Salate (mit Lachs, Quinoa oder Halloumi-Käse) oder das Hähnchen-Satay. Die meisten Gerichte kosten zwischen 12 und 14 Euro.

+++ 66 RUE DE LA ROQUETTE +++ METRO 1/5/8 BASTILLE +++ CAFEDESANGESPARIS.COM +++ +33 177 32 22 11 +++ TÄGL. 7.30–2 UHR +++

LE PETIT CAMBODGE

Frische kambodschanische Küche mit großer Auswahl. Besonders zu empfehlen sind die Bun-Bo-Variationen (10 bis 16 Euro), es gibt aber auch gute Currys, Reisgerichte und Suppen.

+++ 4 RUE BEAUREPAIRE +++ METRO 3/5/8/9/11 RÉPUBLIQUE +++ LEPETITCAMBODGE.FR +++ +33 144 91 92 04 +++ TÄGL. 12–22 UHR +++

LES FOUDRES

Ein gemütlicher Platz auf einer Terrasse, die nicht an einer stark befahrenen Straße liegt – das ist in Paris selten. Hier gibt es Bistroklassiker wie Tatar, Rinderrippe oder Fisch vom Markt, aber auch wechselnde Salate.

+++ 4 PLACE MARTIN NADAUD +++ METRO 3/3B GAMBETTA +++ +33 143 58 05 07 +++ TÄGL. 8–0 UHR +++

LE PETIT VILLAGE

Dank der vielen Algerier in Frankreich sind Couscous (auch vegetarisch) und das Schmorgericht Tajine hier weit verbreitet – beides schmeckt in diesem Restaurant vorzüglich, und die Portionen sind üppig.

+++ 335 RUE DES PYRÉNÉES +++ METRO 11 JOURDAIN +++ +33 140 33 45 71 +++ TÄGL. 12–3 UHR +++

AUSGEHEN

GROUND CONTROL

Auf einer ehemaligen Fläche der Bahn können Besucher heute Essen aus aller Welt probieren, auf Bierbänken und Sofas abhängen, Tischfußball spielen, Bücher oder Pflanzen kaufen.

+++ 81 RUE DU CHAROLAIS +++ METRO 1/14 GARE DE LYON +++ GROUNDCONTROLPARIS.COM +++ MI/DO 12-0 UHR, FR/SA 12-1 UHR, SO 12-22.30 UHR +++

LA BELLEVILLOISE

Konzertsaal, Club und Ausstellungsraum in einem – auf mehreren Ebenen und insgesamt über 2.000 Quadratmetern.

+++ 19-21 RUE BOYER +++ METRO 2 MÉNILMONTANT +++ LABELLEVILLOISE.COM +++ FR/SA 18.30-1 UHR, SO 11.30-16 UHR +++

SHOPPEN

VIADUC DES ARTS

Unter den Rundbögen der ehemaligen Eisenbahnbrücke reihen sich etwa 150 Kunstateliers und Boutiquen aneinander, die Möbel, Skulpturen oder Kunst verkaufen.

+++ 83 AVENUE DAUMESNIL +++ METRO 4 LES HALLES, RER A/B/D CHÂTELET-LES HALLES +++ TÄGL. 10-19 UHR +++

MARCHÉ D'ALIGRE

Einer der schönsten Märkte der Stadt, der sich teils im Freien, teils in einer Halle abspielt. Neben Obst und Gemüse gibt es Fisch, Fleisch und frische Backwaren.

+++ PLACE D'ALIGRE +++ METRO 1 TUILERIES +++ DI-FR 7.30-13.30 UHR, SA/SO 7.30-14.30 UHR +++

SCHLAFEN

HOTEL PRIEURÉ

Sehr zentral inmitten des Ausgehviertels, nicht weit vom Platz der Republik und dem Kanal Saint-Martin entfernt und doch zugleich ruhig gelegenes Drei-Sterne-Hotel. Modern, hell, ohne Schnickschnack und mit relativ kleinen Zimmern – typisch pariserisch eben, denn hier wird platzsparend gebaut. Ein Doppelzimmer ohne Frühstück gibt es ab etwa 120 Euro.

+++ 20 RUE DU GRAND PRIEURÉ +++ METRO 3/5/8/9/11 RÉPUBLIQUE +++ HOTEL20PRIEURE.COM +++ +33 147 00 74 14 +++

HOTEL LES DEUX GIRAFES

Kleine Vier-Sterne-Oase in einer ruhigen Passage mit Garten, elegant eingerichteten Zimmern und Fitnessraum. Doppelzimmer ab rund 160 Euro, dann aber ohne Frühstück, das kann für 19 Euro pro Person dazugebucht werden. Und in der Gegend – in der Rue Oberkampf und um die Metrostation Ménilmontant herum – tobt das Leben.

+++ 23 PASSAGE BESLAY +++ METRO 3 PARMENTIER +++ LESDEUXGIRAFES.COM +++ +33 183 75 11 75 +++

7

MONTMARTRE

+++ ERLEBEN +++

À
NTMARTRE
J'ENVOIE
DE TOUTES
LES
COULEURS
FRENC
FOOD

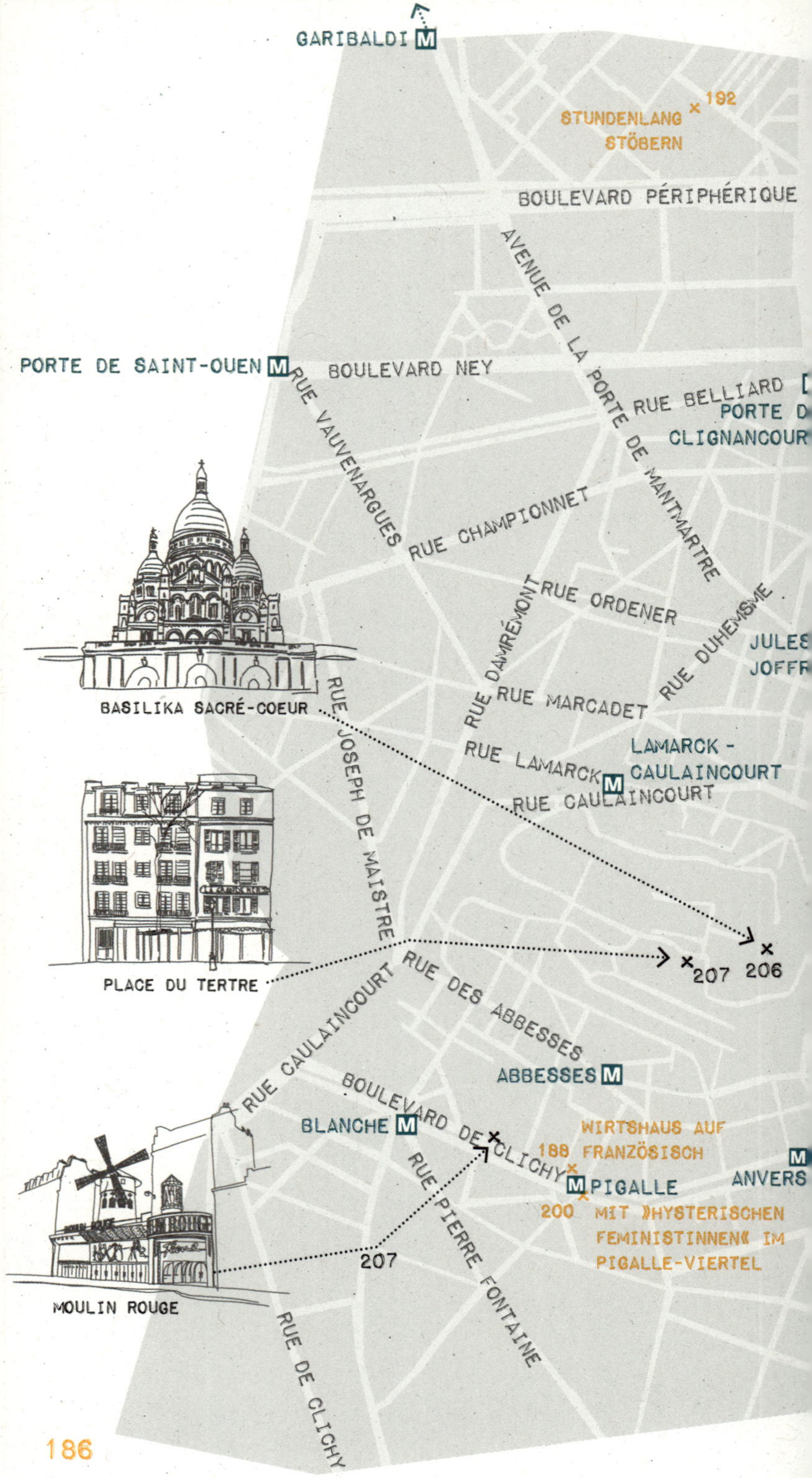
GARIBALDI M
STUNDENLANG STÖBERN 192
BOULEVARD PÉRIPHÉRIQUE
AVENUE DE LA PORTE DE MANTMARTRE
PORTE DE SAINT-OUEN M
BOULEVARD NEY
RUE VAUVENARGUES
RUE BELLIARD
PORTE D
CLIGNANCOUR
RUE CHAMPIONNET
RUE ORDENER
RUE DAMRÉMONT
RUE DUHEMSME
JULES
JOFFR
RUE MARCADET
BASILIKA SACRÉ-COEUR
RUE JOSEPH DE MAISTRE
RUE LAMARCK
LAMARCK - CAULAINCOURT M
RUE CAULAINCOURT
PLACE DU TERTRE
207
206
RUE DES ABBESSES
RUE CAULAINCOURT
ABBESSES M
BOULEVARD DE CLICHY
BLANCHE M
WIRTSHAUS AUF FRANZÖSISCH 188
PIGALLE M
ANVERS M
200 MIT »HYSTERISCHEN FEMINISTINNEN« IM PIGALLE-VIERTEL
RUE PIERRE FONTAINE
207
MOULIN ROUGE
RUE DE CLICHY

MONTMARTRE HAT DREI GESICHTER. Das romantische und verklärte, wie es im Filmklassiker *Die fabelhafte Welt der Amélie* dargestellt wird, der in Teilen hier spielt: idyllische Gassen, nette Cafés, Marktstimmung. Mehr und mehr wird Montmartre aber auch zum In-Viertel mit Szeneläden und -bars, denn es galt lange als vergleichsweise erschwinglich.

UND NICHT ZULETZT ist es ein wichtiger Treffpunkt für Einwanderer, die auf den Märkten in den Straßen exotisches Obst und Gemüse aus Afrika verkaufen. Und die für eine entsprechend multikulturelle Atmosphäre sorgen.

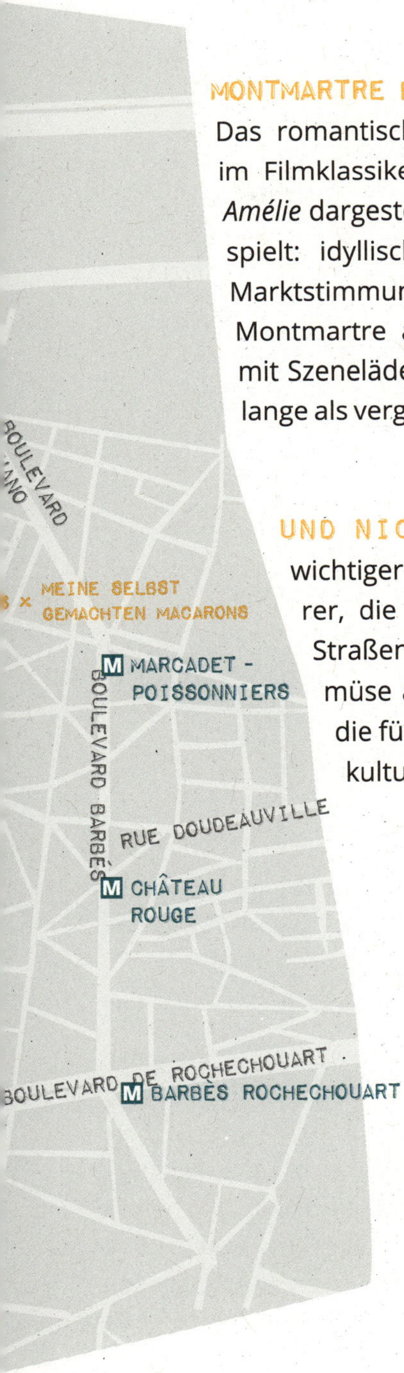

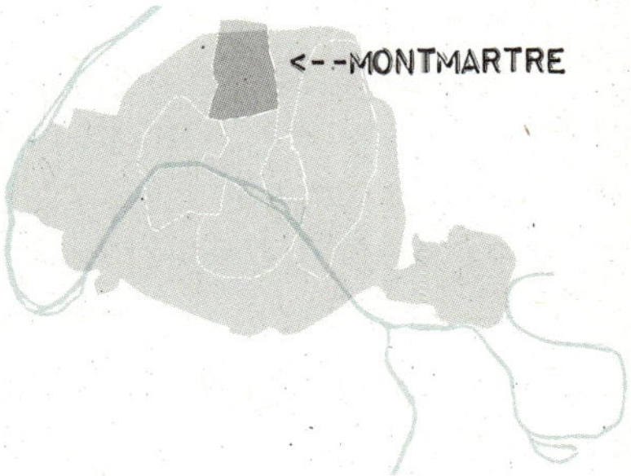

WIRTSHAUS AUF FRANZÖSISCH

ZUM ESSEN
IN EINEM BOUILLON

+ + + STECKBRIEF + + +
WO? 22 BOULEVARD DE CLICHY +++ METRO 2/12 PIGALLE +++ BOUILLONLESITE.COM +++ WANN? TÄGLICH 12 BIS 0 UHR +++ WIE LANGE? ETWA 1.5 STUNDEN +++ WIE VIEL? EINFACHE GERICHTE GIBT ES BEREITS UNTER 10 EURO +++ WICHTIG! RESERVIERUNG NICHT MÖGLICH. DAHER AUFGRUND DES GROSSEN ANDRANGS DIE FRANZÖSISCHEN HAUPTESSENSZEITEN (12 BIS 14 UHR, 19 BIS 21 UHR) AM BESTEN VERMEIDEN +++

ALS DEUTSCHE HABE ICH DIE GEWOHNHEIT, mein Abendessen zu einer Zeit einzunehmen, zu der Franzosen frühestens an den Aperitif denken. Für den Besuch in einem Bouillon stellt sich das als klarer Vorteil heraus. Denn diese einfachen und für Pariser Verhältnisse günstigen Wirtshäuser erfreuen sich großer Beliebtheit bei Touristen und Einheimischen, und zu den Hauptessenszeiten der Franzosen bildet sich davor fast immer eine Schlange. Weil diese beim berühmten Bouillon Chartier besonders lange ist, entscheiden wir uns für den Bouillon Pigalle im gleichnamigen Ausgeh- und Szeneviertel. Da mein Freund und ich das Mittagessen ausgelassen haben, meldet sich der Hunger früh, und wir kommen gegen halb sechs an – zehn Minuten warten wir, bis wir eingelassen und an einen Zweiertisch mit roten Lederstühlen geführt werden.

IM ERSTEN STOCK gibt es eine Terrasse mit Blick auf den Boulevard, aber wir bleiben im Untergeschoss mit seinen hohen Wänden, den vielen Lampen und dem Licht, das durch die verglasten Scheiben hereinfällt.

Zu den Merkmalen der Bouillons gehört es, dass sie fast rund um die Uhr preiswertes, schnelles und typisch französisches Essen anbieten. Für ein romantisches Candle-Light-Dinner bietet sich eher ein gehobeneres Restaurant an, aber wir wollen herausfinden, was hinter der Tradition steckt, die um 1860 begann, als ein Metzger der Pariser Markthallen den Fabrik- und Marktarbeitern ein warmes Mittagessen bieten wollte und den ersten Bouillon – auch auf Französisch bedeutet das Wort »Fleischbrühe« – gründete. Bald schossen viele davon aus dem Boden und wurden zu Einkehrstätten der Arbeiterschaft.

Den Bouillon Pigalle gibt es erst seit ein paar Jahren, aber er hat einige der typischen Charakteristika übernommen, wenn auch modernisiert: In den Holzregalen, in denen früher Stammgäste ihre eigenen Mundtücher aufbewahrten, stecken heute Brotlaibe, auf den Regalen über den Sitzplätzen, die einst als Garderobe dienten, stehen nun Pflanzen.

AUCH DER PERMANENT hohe Geräuschpegel gehört dazu. Musik braucht es nicht – sie würde im Geschirrgeklapper und im lauten Reden und Lachen der Gäste untergehen. Die Kellner in ihren Jeanshemden sausen eilig herum. Lebendige Wirtshausatmosphäre statt stilles Tête-à-Tête – das haben wir schließlich gesucht. Die Mayonnaise-Eier als Vorspeise gibt es für 1,90 Euro und die Zwiebelsuppe für 3,80 Euro, Gerichte von der Wurst mit Kartoffelbrei, ein Hähnchenschenkel mit Pommes oder eine Tomaten-Quiche sind für weniger als 10 Euro zu haben, der Preis für andere Gerichte liegt leicht darüber: in Paris eine Seltenheit. Als wir unser Essen bekommen, ist das sehr gute Hausmannskost. Wir gönnen uns noch Desserts – eine Zitronentarte und Profiteroles –, bevor wir unseren Platz räumen. Das erfreut die nächsten Gäste, denn inzwischen hat sich die Länge der Warteschlange vervielfacht. Gut gesättigt gehen wir an den geduldig Ausharrenden vorbei und spazieren noch ein wenig durch das belebte Pigalle-Viertel, das nun zum Nachtleben erwacht ist.

WENN MAN SCHON MAL **HIER** IST:

Wer andere Pariser Bouillons testen möchte, hat mehrere Adressen zur Auswahl. Am bekanntesten ist der **Bouillon Chartier** □→ im Art-nouveau-Stil, von dem es nun zwei Lokale gibt. Das ältere liegt in der 7, Rue du Faubourg Montmartre, tägl. 11.30–23 Uhr. Das neuere befindet sich in 59, Boulevard du Montparnasse, tägl. 11.30–23 Uhr. Oder man geht in den **Bouillon Julien**, 16 Rue du Faubourg Saint-Denis, tägl. 11.45–21 Uhr.

STUNDENLANG STÖBERN

FLOHMARKTTOUR DURCH DEN »MARCHÉ AUX PUCES«

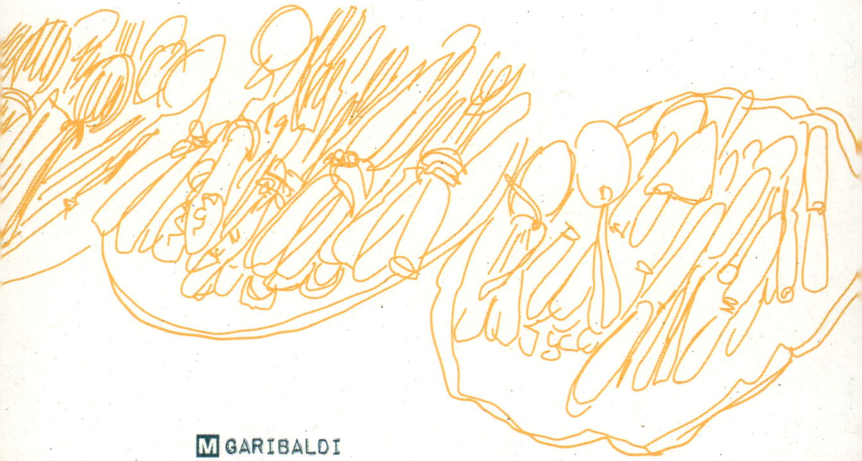

+ + + STECKBRIEF + + +

WO? RUE DES ROSIERS, SAINT-OUEN +++ METRO 13 GARIBALDI +++ MARCHEAUXPUCES-SAINTOUEN.COM +++ WANN? FREITAG AB 14 UHR, SAMSTAG 9–18 UHR, SONNTAG 10–18 UHR, MONTAG 11–17 UHR +++ WIE LANGE? MINDESTENS 1.5 STUNDEN +++ WIE VIEL? GRATIS +++ WICHTIG! ACHTUNG, MANCHMAL SIND HIER TASCHENDIEBE UNTERWEGS! +++

»WILLKOMMEN IN SAINT-OUEN! Aus welcher Richtung sind Sie gekommen?« Es ist die erste Frage, die die Dame im Tourismus-Amt der Pariser Vorstadt (124 Rue des Rosiers) stellt. »Ah, Metro Garibaldi, sehr gut. Wir raten immer davon ab, bei der Station Porte de Clignancourt auszusteigen – das schreckt viele Besucher ab.« Denn in dem Fall muss man zuerst an etlichen Ständen mit gefälschten Markenklamotten vorbei, die gar nicht zum echten Marché aux Puces gehören. Dieser bietet statt billigen Imitaten und Ramsch überwiegend wertvolle Antiquitäten, Kunstwerke, Teppiche. Käufer und Sammler aus der ganzen Welt zieht dieser Flohmarkt an, der mit einer Fläche von sieben Hektar und rund 1.700 Händlern einer der größten der Welt ist. Weil er eigentlich aus 14 Märkten besteht, die jeweils von der Rue des Rosiers wegführen, statten wir uns im Tourismusbüro mit einem Plan aus.

MEINE FREUNDIN CAROLINE und ich beginnen mit dem Markt Dauphine. Die Vielfalt der ausgestellten Stücke in den überdachten Galerien ist umwerfend: Es gibt Möbel aus elegantem Kirschholz oder mit Goldverzierungen, Geschirr- und Besteckssammlungen, Kronleuchter, sogar ausgestopfte Tiere. Wir saugen all die Farben, Bilder, Eindrücke auf. Vom ersten Stock schallen verschiedene Melodien herunter, die sich miteinander vermischen: Dort sitzen die Musikspezialisten, und jeder legt seine eigenen Lieder auf. Es gibt Schallplatten en masse zu kaufen, Plattenspieler, auch Musikinstrumente. Dazwischen hängen vor einem Secondhand-Stand Blazer in langen Reihen – nicht ganz unser Geschmack, denn sie stammen erkennbar aus einer anderen Zeit. Sich die farbigen Fundstücke anzusehen und ihre einstigen Trägerinnen darin vorzustellen, ist trotzdem witzig.

Die Anfänge des Flohmarktes liegen um 1860, als hier zunächst Lumpensammler ihre Ware ausstellten. Nach und nach kauften Geschäftsleute den Grund, erschlossen ihn mit Strom und fließendem Wasser und organisierten »richtige« Märkte. Der erste offizielle wurde 1920 von Romain Vernaison begründet und ist bis heute nach ihm benannt.

ER ERINNERT AN ein labyrinthisches Dorf voller Läden, die durchaus herrschaftliche Möbel, aber auch Kleinkram anbieten: Vasen, Kaffeemühlen, einzelne Teller, Schrauben, Plakate. Ganz anders ist die Stimmung im Markt Birot, bei dem wir über einen roten Teppich eine Allee hinauf- und eine zweite hinabschreiten. In den Vitrinen der Geschäfte, die wie Kunstgalerien wirken, sind wertvolle Antiquitäten und Gemälde ausgestellt. Allerdings sehen wir keine Preisschilder dran. Marktstimmung herrscht auch in den angrenzenden Straßen. Besucher sitzen in Cafés und Restaurants, lassen sich von Straßenmusikanten unterhalten. Auch das gehört zur Tradition – in solchen Stuben entwickelte sich einst eine für Paris bekannte Jazz-Form, der *Jazz Manouche*. Bei einer Tour durch den Markt Jules Vallès kommen wir nicht umhin zuzuschlagen und erstehen das alte Poster eines Jazz-Clubs. Eigentlich wollten wir nur gucken – das ist aufregend genug. Nun kommen wir doch mit einem Andenken zurück von unserem Ausflug in den Pariser Norden.

WENN MAN SCHON MAL **HIER** IST:

Die **Recyclerie** □→ (83, Boulevard Ornano, larecyclerie.com) ist Café, Werkstatt und Treffpunkt von Umweltaktivisten in einem. Über alten Bahngleisen gelegen, bietet sie zu jeder Tageszeit Verpflegung an, vom Frühstück bis zum Absacker, und verspricht, höchste Umweltmaßstäbe an Herstellung und Recycling anzulegen. Das gemütlich-alternative Ambiente ist angenehm, und wer möchte, kann Reparatur- und Heimwerker-Kurse belegen oder den Stadtgarten besichtigen.

MEINE SELBST GEMACHTEN MACARONS

EIN BACKKURS RUND UM DIE KÖNIGSDISZIPLIN FRANZÖSISCHER KONDITOREN

MONTMARTRE-->

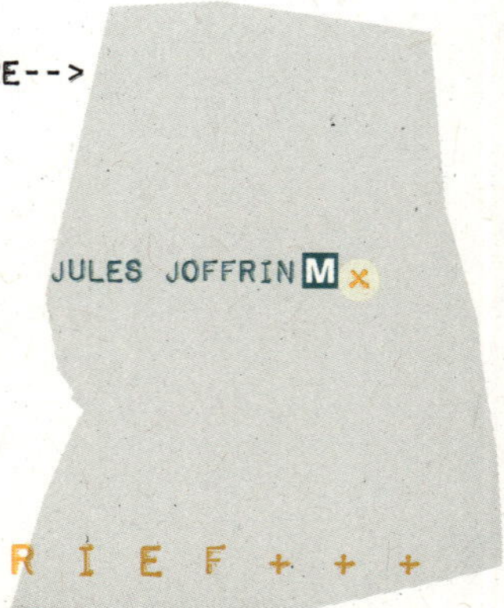

+++ STECKBRIEF +++

WO? 6 RUE BAUDELIQUE +++ METRO 4 SIMPLON, METRO 12 JULES JOFFRIN +++ COOKNWITHCLASS.COM +++ WANN? REGELMÄSSIGE KURSE +++ WIE LANGE? 3 STUNDEN +++ WIE VIEL? 99 EURO +++ WICHTIG! ES GIBT AUCH ONLINE-KOCH- UND BACKKURSE, FAMILIENKOCHKURSE UND KOCHKURSE MIT MARKTBESUCH +++

ICH LIEBE MACARONS. Zart, süß, (vermeintlich) leicht – bunte Exemplare des glatten, runden Gebäcks sind in jeder Konditorei Frankreichs ausgestellt und immer ein schönes Mitbringsel. Selbst gebacken begegnen sie einem dagegen so gut wie nie. Kein Wunder: Macarons gelten als eine der Königsdisziplinen französischer Backkunst. Und an die wage ich mich heute heran, mit der professionellen Hilfe von Sarah von Cook'n With Class.

Warum es eigentlich so schwer ist, tolle Macarons hinzubekommen, fragt eine meiner Mitstreiterinnen zu Beginn unseres dreistündigen Kurses. »Es kommt auf jeden einzelnen Schritt an«, erklärt Sarah. »Bei jedem kann man etwas falsch machen, und das bringt das Endergebnis in Gefahr.« Das vergrößert meinen Respekt zwar noch. Aber ich bin ja hier, um zu lernen.

VIER SORTEN NEHMEN WIR UNS VOR, die Sarah auf eine Tafel geschrieben hat: Schokolade-Erdnussbutter, Karamell-Apfel, Minze und Schokolade-Orange-Ingwer. Wir bekommen je eine Kochschürze und versammeln uns um den großen Holztisch. Die Zutaten sind schon in kleinen Schälchen vorbereitet, der Ofen heizt bereits vor. Es beginnt mit einem Aha-Effekt: Den Geschmack gibt allein die Creme, die die beiden Kekse zusammenhält, während diese alle aus demselben Makronenteig und lediglich eingefärbt sind. Für den Teig sieben wir die geriebenen Mandeln fein, geben Zucker dazu, schlagen Eiweiß steif und vermischen sämtliche Zutaten mit einem Teigschaber, größter Vorsicht und einer halbrunden, ganz speziellen Handbewegung. Weil ich Deutsche bin – was offenbar mit perfekter Präzision assoziiert wird! –, fällt mir die Aufgabe zu, den Teig gleichmäßig auf vier Schüsseln aufzuteilen, um ihn jeweils verschieden einzufärben, bevor er in die Spritztüte geht. »Es ist schwerer, wenn alle zusehen«, murmelt Ashley mitfühlend neben mir. Dann spritzt jeder mehr oder weniger runde Klekse auf ein Backblech, die Bleche kommen in den Ofen, und jetzt beginnt der kompliziertere Teil: die Herstellung der Füllungen.

SARAH MACHT ES JEWEILS VOR und lässt uns dann ran. Wir stellen eine Karamellsoße her, Cremes aus frischer Minze, weißer und Milchschokolade, in die Orangenschalen, Orangensaft und Ingwerpulver gegeben werden. Unversehens kocht die Sahne über. »Ihr seht: Man kann Profi sein und trotzdem noch Fehler machen«, schmunzelt Sarah. Als die Kekse gebacken sind, geht es ans Verzieren. Eigentlich will ich das Dekor möglichst elegant darauf spritzen, doch stattdessen quillt mir die Masse aus der Papiertüte und über die Finger. Irgendwie bekomme ich trotzdem ein paar dekorative Linien auf der Hälfte der Kekse zustande, die ich als letzten Akt mit Creme zusammenklebe.

Sarah verschwindet in der Küche und kommt mit gefüllten Tellern zurück, mit Macarons, die sie vorab zubereitet hat – perfekt verziert. Dazu gibt es Sekt, um den Geburtstag einer Kursteilnehmerin zu feiern. Unsere Kreationen brauchen noch ein paar Tage, um weich zu werden. Wir probieren nur die perfekten Macarons – und nehmen die etwas schiefen, aber köstlichen mit nach Hause, ebenso wie das neu erworbene Back-Know-how.

WENN MAN SCHON MAL **HIER** IST:

Frankreich hat eine tolle Marktkultur. Am lebendigsten sind die Märkte im Norden der Stadt, wo traditionell viele Einwanderer leben oder extra herkommen, um Produkte aus ihrer Heimat zu kaufen. Der **Markt am Boulevard Ornano** □→ findet täglich bis 13 Uhr statt. Auch um die Metrostation Château Rouge wird so exotische Ware angeboten, dass man sich wie in einem afrikanischen Land fühlt.

MIT »HYSTERISCHEN FEMINISTINNEN« IM PIGALLE-VIERTEL

EIN THEMENRUNDGANG MIT FEMINISTS IN THE CITY

+ + + STECKBRIEF + + +

WO? WECHSELNDE TREFFPUNKTE. IN DIESEM FALL: METRO 2/12 PIGALLE +++ WANN? MEHRMALS PRO WOCHE. ÜBERWIEGEND SAMSTAG- UND SONNTAGNACHMITTAG +++ FEMINISTSINTHECITY.COM +++ WIE LANGE? UNGEFÄHR 2 STUNDEN +++ WIE VIEL? 22 EURO +++ WICHTIG! AUCH PRIVATE TOUREN KÖNNEN GEBUCHT WERDEN +++

DIE ERSTE ERKENNTNIS an diesem Samstagnachmittag auf einem kleinen Platz im Montmartre-Viertel: Nicht nur Frauen interessieren sich für die Sache der Frauen. Immerhin drei Männer gehören zu der kleinen Gruppe, die die zierliche Julie umringt, Mitbegründerin des Zwei-Frau-Unternehmens Feminists in the City. Gemeinsam mit einer Geschäftspartnerin hat sie die Idee entwickelt, den Teilnehmerinnen und Teilnehmern ausgewählte Stadtviertel von Paris aus einem feministischen Blickwinkel näherzubringen. Themen und Touren denken sie sich selbst aus. »Montmartre mit hysterischen Feministinnen« hat Julie den heutigen Rundgang genannt und wirft zur Einstimmung eine Frage in die Runde: Welches Wort uns als Erstes in Verbindung mit Feminismus einfalle? »Gleichheit«, sagte eine Frau. »Normal«, befindet ein Mann. Ich überlege kurz, dann sage ich: »Respekt.«

ZUFRIEDENES NICKEN unserer Führerin, die uns jetzt das historische Viertel des Sex-Gewerbes rund um den Platz Pigalle zeigen wird, wo die rote Mühle des Kabaretts *Moulin Rouge* steht. Frankreichs Kapitale galt im 19. Jahrhundert als das »Bordell Europas« mit gut kontrollierten Freudenhäusern – allerdings weniger zum Schutz der Frauen als vielmehr von Napoleons Soldaten, die sich nicht mit der Syphilis anstecken sollten.
Julie sprudelt über vor Erzähldrang über die Themen Frauenhandel, Prostitution und sexuelle Befreiung, während wir über den Boulevard de Clichy gehen, seit den 60er-Jahren die Hauptstraße der Sexshops in Paris, und von hier aus die belebte Marktstraße Rue Lepic hinauf. Würde sie uns nicht darauf stoßen, wir würden inmitten des Straßen- und Menschengewirrs wohl arglos an all den Hinweisen auf das Thema vorbeilaufen: zum Beispiel an den provokanten Darstellungen der Street-Art-Künstlerin Miss.Tic an Mauervorsprüngen, von Frauen als Sexsymbol mit riesigen Brüsten, denen eine andere Künstlerin namens Masstoc alternative Schönheitsideale entgegensetzt, indem sie dicke oder farbige Frauen an den Hauswänden abbildet.

AN MANCHEN STELLEN wie an der Rue Norvins in der Nähe des bekannten Place du Tertre hängen Spiegel an den Außenmauern. Blickt eine Frau hinein, liest sie die Aufschrift: »Si, tu es belle«, also: »Doch, du bist schön«. Auf manchen haben Unbekannte einen zweiten Satz angefügt: »Doch, du bist intelligent.« Schon geht es weiter, vorbei an einem ehemaligen Bordell – noch immer erkennbar am üppig dekorierten Hauseingang – und am Platz Suzanne Buisson, einem der wenigen, die nach einer Frau, nämlich einer Widerstandskämpferin im Zweiten Weltkrieg, benannt sind. Knapp zwei Stunden sind wir durch eines der lebendigsten Viertel von Paris spaziert, das zugleich ein Stück Geschichte der Emanzipation erzählt. Am Ende langen wir an der Basilika Sacré-Coeur an. Eine der beiden Statuen über dem Eingangstor zeigt Johanna von Orleans in Kämpferkluft – ja, eigentlich sind die Frauen allgegenwärtig in der Stadt. Man muss nur genau hinsehen. Und das werde ich nach dieser eindrucksvollen Nachhilfestunde mit Julie künftig tun.

WENN MAN SCHON MAL **HIER** IST:

Auf den ersten Blick sieht das **Café des 2 Moulins** □→ in der Rue Lépic im Montmartre-Viertel wie eine urtypische Pariser Brasserie aus. Doch es ist Kult, seit es als Kulisse für den Klassiker *Die fabelhafte Welt der Amélie* diente. Daran erinnern Plakate mit Szenen aus dem Film, die an den Wänden im Innenraum hängen. Und draußen lässt sich von den runden Kaffeehaustischen aus wunderbar das Treiben auf der Rue Blanche beobachten.

WENN MAN SCHON MAL IN MONTMARTRE IST

+++ SEHEN +++

+++ ESSEN +++

+++ AUSGEHEN +++

+++ SHOPPEN +++

+++ SCHLAFEN +++

SEHEN

BASILIKA SACRÉ-COEUR

Hoch auf dem Montmartre-Hügel, der »Butte Montmartre« gelegen, gehört der Kirchenbau im neobyzantinischen Stil mit seinen weißen Kuppeln zu den Sehenswürdigkeiten, die von verschiedenen Orten der Stadt aus zu bestaunen sind. Gleichzeitig bietet die Basilika einen wunderbaren Blick auf Paris, den man von den Treppen aus genießen kann. Auch ein Besuch im prachtvollen Innenraum der Wallfahrtskirche, die zwischen 1875 und 1914 erbaut wurde und dem Heiligsten Herzen Jesu geweiht ist, lohnt sich. Wem das Erklimmen der Treppen zu mühsam ist, der nimmt die Drahtseilbahn am Fuß des Hügels. Kostenpunkt: ein Metroticket (1,90 Euro).

+++ 35 RUE DU CHEVALIER DE LA BARRE +++ METRO 12 ABBESSES, METRO 2 ANVERS +++ SACRE-COEUR-MONTMARTRE.COM +++ TÄGL. 6-22.30 UHR +++ EINTRITT FREI +++ TÄGLICH FINDEN MEHRERE MESSEN STATT +++

MOULIN ROUGE

Im wohl berühmtesten Varietétheater der Stadt, das im Belle-Époque-Stil gehalten ist, werfen seit seiner Gründung 1889 die Tänzerinnen ihre langen, schlanken Beine in die Luft, vollführen scheinbar mühelos den legendären French Cancan und zeigen dabei viel Haut und ein perfektes Lächeln. Wer auf spektakuläre Tanzshows mit einem Glas Champagner steht, ist hier genau richtig.

+++ 82 BOULEVARD DE CLICHY +++ METRO 2 BLANCHE +++ MOULINROUGE.FR +++ TÄGL. SHOWS UM 21 UHR (AB 110 EURO) UND 23 UHR (AB 103 EURO). DINNER MIT SHOW AB 19.30 UHR (AB 190 EURO) +++

PLACE DU TERTRE

Eine Karikatur von sich selbst, ein klassisches Porträt oder eine Ansicht von Paris – die Maler vom Place du Tertre sind auf die verschiedensten Genres spezialisiert, um ihre Werke direkt nach ihrer Vollendung zu verkaufen. Heute ist der Ort, an dem sich Anfang des 20. Jahrhunderts Künstler wie Pablo Picasso, Vincent van Gogh oder Henri de Toulouse-Lautrec trafen, vor allem ein beliebter Anziehungspunkt für Touristen, für die es hier auch eine Reihe von Cafés und Restaurants gibt. Der Platz auf 130 Metern Höhe bleibt indes malerisch und sehenswert.

+++ PLACE DU TERTRE +++ METRO 12 ABBESSES, METRO 2 ANVERS +++

CAFÉ FRANCOEUR

Schickes Pariser Café mit netten Kellnern. Die Auswahl an Gerichten – für je knapp 20 Euro – ist übersichtlich, dafür sind diese frisch zubereitet, vom Kabeljau bis zum veganen Salat.

+++ 129 RUE CAULAINCOURT +++ METRO 12 LAMARCK-CAULAINCOURT +++ FACEBOOK.COM/CAFEFRANCOEURPARIS +++ +33 153 28 00 15 +++ TÄGL. 7-2 UHR +++

MAIMIKA

Die Chancen, im Montmartre schmackhafte westafrikanische Küche zu finden, stehen gut. Im Maimika kocht man Spezialitäten aus Mali oder dem Senegal mit Fleisch, Fisch oder vegetarisch.

+++ 10 RUE LAMBERT +++ METRO 4 CHÂTEAU ROUGE +++ MAIMIKA.EATBU.COM +++ +33 09 50 50 59 50 +++ TÄGL. 18-1 UHR +++

LE BRIO

Das Mittagsmenü – Vor- und Hauptspeise oder Haupt- und Nachspeise – gibt es für ca. 10 Euro. Dabei kommen Klassiker vom gebratenen Camembert über Rinderkotelett bis zum Cheesecake auf den Tisch.

+++ 216 RUE MARCADET +++ METRO 12 LAMARCK-CAULAINCOURT, METRO 13 GUY MÔQUET +++ LE-BRIO.ZENCHEF.COM +++ +33 146 06 61 18 +++ TÄGL. 12-23 UHR +++

←□ BRASSERIE BARBÈS

Wunderschön renoviertes Lokal auf drei Ebenen, um entweder auf der Terrasse mit tollem Blick einen Kaffee zu trinken, einen Aperitif einzunehmen oder gut zu essen – das Hauptgericht kostet zwischen 15 und 19 Euro.

+++ 2 BOULEVARD BARBÈS +++ METRO 2/4 BARBÈS +++ BRASSERIEBARBES.COM +++ +33 142 64 52 23 +++ TÄGL. 8-23 UHR +++

AUSGEHEN

LE HASARD LUDIQUE

Ein Gläschen trinken und eine Kleinigkeit essen, Impro-Theater ansehen, brunchen, Konzerte anhören – all das geht hier!

+++ 128 AVENUE DE SAINT-OUEN +++ METRO 13 PORTE DE SAINT-OUEN +++ LEHASARDLUDIQUE.PARIS +++ +33 142 28 35 91 +++ DI-DO 12-0 UHR, FR/SA 12-2 UHR, SO 11.30-22 UHR +++

LE REFUGE

Nettes Lokal mit schön gelegener Terrasse und gemütlichem Innenraum. Auf der Karte stehen neben Getränken einfache Gerichte wie ein Lachssteak oder eine Quiche.

+++ 172 RUE LAMARCK +++ METRO 4 SIMPLON, METRO 12 LAMARCK-CAULAINCOURT +++ +33 142 62 01 62 +++ MO/DI/FR 7-2 UHR, MI/DO 7-1 UHR, SA 8-2 UHR, SO 9-0 UHR +++

SHOPPEN

MYLO CONCEPT STORE

Modebegeisterte können sich, nachdem sie Röcke und Schuhe anprobiert und nach einer passenden Tasche gesucht haben, schließlich bei Kaffee und Lachs-Croissant erholen – der Laden ist Coffeeshop und Boutique in einem.

+++ 61 RUE LEGENDRE +++ METRO 13 LA FOURCHE +++ MYLO-CONCEPT-STORE.COM +++ DI-FR 11.30-19.30 UHR, SA 11-19.30 UHR, SO 11-18 UHR +++

À LA MÈRE DE FAMILLE

Ein Paradies für Naschkatzen! Wie es sich für eine gute »Familienmutter« gehört, hat sie Leckereien wie Pralinen, süße Aufstriche, Mandelgebäck und Karamellbonbons im Angebot.

+++ 23 RUE LEPIC +++ METRO 2 BLANCHE +++ LAMEREDEFAMILLE.COM +++ MO-SA 9.30-20 UHR, SO 10-19.30 UHR +++

SCHLAFEN

KUBE HOTEL

Keine Sorge, man muss nicht bei -20° Celsius übernachten, aber den Cocktail in der »Ice Bar« schlürft man bei Minusgraden, ausgestattet mit winterfester Kleidung. Die Zimmer im Hotel sind geheizt und in skandinavisch-puristischem Design gehalten. Bei rund 150 Euro für ein Doppelzimmer ist das Frühstück inbegriffen.

+++ 1-5 PASSAGE RUELLE +++ METRO 2 LA CHAPELLE +++ KUBEHOTEL-PARIS.COM +++ +33 142 05 20 00 +++

HOTEL DÉCLIC

Durchgestyltes Boutique-Hotel, das sich dem Thema Fotografie verschrieben hat: In jedem Zimmer sind Foto-Kunstwerke ausgestellt, gestaltet nach Themen wie »Schwarz und Weiß« oder »Sternen-Jäger«. Der Preis für ein kleines Doppelzimmer ohne Frühstück beginnt bei rund 120 Euro, für eine Suite bei 130 Euro.

+++ 17 RUE DUHESME +++ METRO 12 LAMARCK-CAULAINCOURT +++ DECLICHOTEL.COM +++ +33 146 06 17 66 +++

8
ABSEITS VOM SCHUSS

+++ ERLEBEN +++

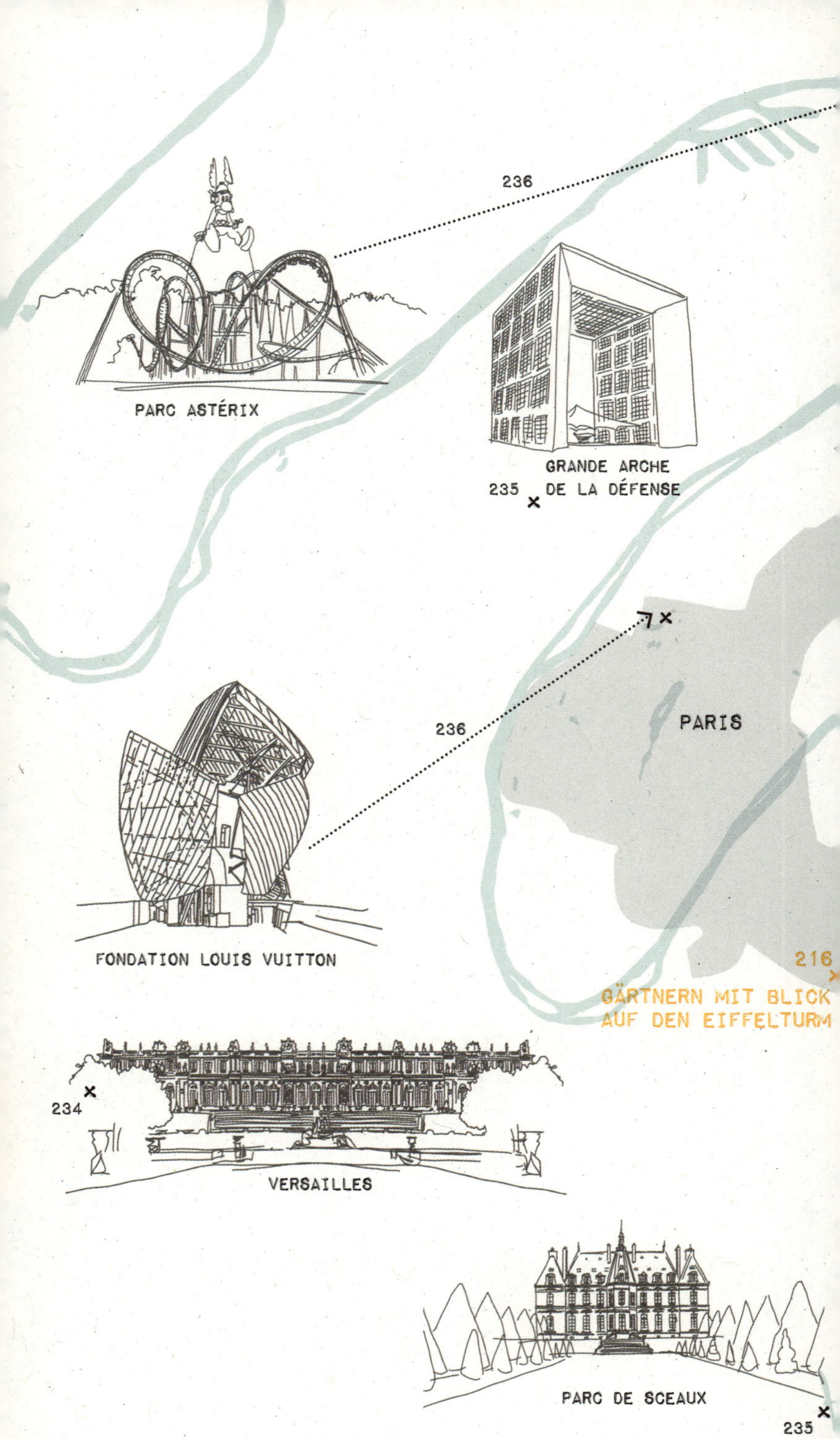

236
PARC ASTÉRIX
GRANDE ARCHE
DE LA DÉFENSE
235
PARIS
236
FONDATION LOUIS VUITTON
216
GÄRTNERN MIT BLICK
AUF DEN EIFFELTURM
234
VERSAILLES
PARC DE SCEAUX
235

224 × HEISSES PFLASTER UND KÖNIGSGRÄBER

PARIS IST EINE KLEINE GROSSSTADT. Das hat den Vorteil, dass die bedeutendsten Sehenswürdigkeiten und schönsten Gegenden nahe zusammenliegen. Es ließen sich problemlos ganze Wochen am Stück nur mit Aktivitäten im Stadtkern verbringen – dabei ist auch ein Besuch in den Außenbezirken lohnend, weil sie nochmals neue Aspekte dieser Weltmetropole zum Vorschein bringen.

228 × ENTLANG DER STREET ART AVENUE

KLASSIK IM GRÜNEN × 220

DENN AUSSERHALB gibt es nicht nur Natur zum Durchatmen. Aufgrund der hohen Immobilienpreise verlassen immer mehr Einwohner Paris, unter ihnen gerade auch die Künstler und Kreativen, die sich an den Rändern ansiedeln. Dadurch entstehen ab vom Schuss lebendige und spannende Viertel.

GÄRTNERN MIT BLICK AUF DEN EIFFELTURM

IM WELTWEIT GRÖSSTEN STADTGARTEN AUF DEN MESSEHALLEN VON PARIS

+ + + S T E C K B R I E F + + +

WO? 4 AVENUE DE LA PORTE DE LA PLAINE +++ METRO 12 PORTE DE VERSAILLES +++ NU-PARIS.COM +++ WANN? FÜHRUNGEN AUF FRANZÖSISCH GIBT ES MEHRMALS PRO WOCHE. FÜHRUNGEN AUF ENGLISCH ANFRAGEN UNTER NU-PARIS.COM/CONTACT +++ WIE LANGE? 1 BIS 2 STUNDEN +++ WIE VIEL? 15 EURO FÜR EINE EINSTÜNDIGE FÜHRUNG. 25 EURO FÜR FÜHRUNG UND KOSTPROBE +++

DASS UNS EIN AUSFLUG in die Natur ausgerechnet hierher führt, hätten wir nicht erwartet. Inmitten von hohen Bürogebäuden scheint sie weit weg zu sein, aber das täuscht. Denn auf dem Dach von Pavillon 6 der Pariser Messehallen liegt der größte Stadtgarten der Welt. Hier wachsen über 30 verschiedene Obst-, Gemüse- und Kräutersorten, teilweise auf aeroponische Weise. Aero-was? Das wird uns die Gartenführerin Julie beschreiben, die uns in 20 Metern Höhe begrüßt. Wir blicken auf feldartige Anlagen auf dem Flachdach, rundherum Hochhäuser – und erspähen in der Ferne die Spitze des Eiffelturms! Jetzt aber erst mal aufgepasst, denn Julie erklärt das Konzept von Nature Urbaine, dem Betreiber dieser Fläche von insgesamt 14.000 Quadratmetern. Im Schnitt wirft sie rund 200 Kilogramm Früchte und Gemüse pro Tag ab.

ABNEHMER SIND SUPERMÄRKTE, Hotels und Restaurants in der Umgebung. Denn der Stadtgarten soll nicht nur mehr Natur in die Metropole bringen, sondern auch Transportwege für Lebensmittel verkürzen. Deshalb können Anwohner auch eines von 135 Hochbeeten mieten, die sie selbst bewirtschaften und die wir nun begutachten: In manchen wuchern Petersilie, Karotten und Salatköpfe recht unkonventionell durcheinander, in anderen wurden Kräuter- und Gemüseareale fein säuberlich angeordnet. Überall sind fleißige Bienen unterwegs, während die Verkehrsgeräusche nur leise von unten heraufdringen: Wir befinden uns tatsächlich in Paris, und doch mitten in einem Gemüsefeld! Julie lässt uns Städter raten, was da eigentlich alles wächst: So sieht Mangold also aus! Die Minze erkennen wir sofort – zumindest, als wir unsere Nasen an die Blätter halten. Wir entdecken Auberginen, Erbsen und – die Fortgeschrittenen – Kapuzinerkresse, die wir sogar probieren dürfen. »Blumen zum Essen?!«, kreischt ein Junge.

Nebenan wachsen reihenweise Erdbeeren in kleinen Töpfen an Säulen in die Höhe. Die Früchte sind reif und glänzen appetitlich rot, aber einfach zugreifen trauen wir uns nicht.

DAFÜR ERFAHREN WIR NUN, was es mit dem aeroponischen Anbau auf sich hat: Die Pflanzen wachsen übereinander, was deutlich mehr Ertrag ermöglicht. Auf einem Quadratmeter können auf diese Weise beispielsweise 52 Salate angebaut werden, während es bei klassischem Anbau lediglich neun sind, erklärt Julie. Die Wurzeln stecken nicht in der Erde, sondern werden mit einer flüssigen Nährstoff-Lösung versorgt, die ständig durch die Säulen läuft, sodass kaum etwas davon verloren geht. Julie öffnet einen Trog voller Wasser, aus dem mehrere Schläuche führen.

Schließlich hat sie noch eine gute Nachricht für uns, denen längst das Wasser im Mund zusammengelaufen ist: »Hier sind noch jede Menge Erdbeeren, die gegessen werden wollen!« Wir dürfen uns nach Lust und Laune an den reifen, aber überraschenderweise nicht sehr süßen Früchten bedienen, während unsere Gastgeberin noch Cracker und herzhafte Konfitüren aus grünen Tomaten und Paprika bringt, dazu Kapuzinerkresse. So lassen wir ihn ausklingen, unseren Besuch in der städtischen »Natur« mit Blick auf den Eiffelturm und auf Paris zu unseren Füßen.

WENN MAN SCHON MAL **HIER** IST:

Wer Obst und Gemüse vom Stadtgarten in verarbeiteter Form probieren will, schließt einen Besuch in der Rooftop-Bar **Le Perchoir** ⊐→ (Mo–Fr 18–1.30 Uhr, Sa 12–1.30 Uhr, So 12–24 Uhr) an: Jedes Gericht enthält Zutaten von nebenan. Günstig sind die Preise nicht, aber von den gemütlichen Sofas hat man einen schönen Ausblick auf die Pflanzenanlagen auf dem Dach, und die Getränke und Speisen schmecken frisch.

KLASSIK IM GRÜNEN

BEI LIVEMUSIK IM PARC FLORAL

+ + + STECKBRIEF + + +

WO? PARC FLORAL, ROUTE DE LA PYRAMIDE +++ METRO 1 CHÂTEAU DE VINCENNES, RER A VINCENNES +++ WANN? PARK GEÖFFNET MAI-SEPTEMBER 9.30-20 UHR, OKTOBER 9.30-18.30 UHR, NOVEMBER-FEBRUAR 9.30-17 UHR, KONZERTE ZWISCHEN ENDE JUNI UND ANFANG SEPTEMBER AM SAMSTAG- UND SONNTAGNACHMITTAG +++ PARCFLORALDEPARIS.COM +++ WIE LANGE? 1,5 BIS 3 STUNDEN +++ EINTRITT 2,50 EURO +++ WICHTIG! ES LOHNT SICH, VORAB DAS PROGRAMM DER KONZERTE, MESSEN UND VERANSTALTUNGEN AUF DER INTERNETSEITE ANZUSEHEN +++

DIE DECKE LIEGT schon ausgebreitet auf der Wiese, an einer günstigen Stelle. Zwar befindet sich die Bühne etwa 100 Meter weit entfernt, aber wir haben freien Blick auf sie. Noch ist sie leer – es bleibt genügend Zeit, dass wir es uns in unserer kleinen Freundesgruppe gemütlich machen und den mitgebrachten Proviant auspacken können. Baguette, Käse, Oliven, Cidre, Erdbeeren. Auch auf den Wiesen um uns herum werden weitere Decken ausgebreitet, Weinflaschen entkorkt, Leckereien aufgetischt. Wir sind nicht die Einzigen, die es heute in den Parc Floral gezogen hat, einen Teilbereich des Stadtparks Bois de Vincennes. Frankreichs Hauptstadt atmet an seinen Rändern. Im dicht bebauten Stadtkern gibt es nur kleinere Parks, doch der Bois de Boulogne im Westen und der Bois de Vincennes im Osten von Paris sind weitläufige grüne Lungen.

JOGGER, RADFAHRER, HUNDE plus Besitzer lieben sie – und auch für Picknicker, die das Essen in die Natur verlegen, sind die Parks an warmen Tagen echte Paradiese. Der aufwendig angelegte Parc Floral, den wir angesteuert haben, gehört zum Botanischen Garten von Paris. Hier gibt es aber nicht nur Wunderwerke der Natur zu bestaunen, das ganze Jahr über finden außerdem Veranstaltungen und Messen statt, auf denen etwa Biobauern ihre Ware zum Verkauf anbieten oder sich alles um den Outdoor-Sport dreht. So ist der Park zu jeder Jahreszeit ein angenehmes Ausflugsziel. An den Wochenenden im Sommer wird er zudem zu einer Open-Air-Bühne für Konzerte. Samstags treten Jazzmusiker mit oftmals internationalem Renommee auf, und sonntags heißt es dann »Classique au Vert« – »Klassik im Grünen«. Für jene Zuhörer, die sich nicht auf dem Boden niederlassen wollen, werden Stühle in einem überdachten Bereich vor der Bühne aufgestellt, damit die Veranstaltung auch bei schlechtem Wetter nicht ins Wasser fällt. Doch wer einen davon ergattern will, sollte früh dran sein: Lange vor Konzertbeginn sind alle besetzt.

UM GLEICHZEITIG PICKNICKEN zu können, haben wir uns für unsere rustikaleren Sitzplätze in der Sonne entschieden. Zwar kannten wir die Namen der Musiker nicht, aber sobald sie mit ihren Instrumenten auf der Bühne stehen – vier an der Zahl und aus der Entfernung für uns als mittelgroße Strichmännchen erkennbar –, spielt das keine Rolle mehr: Sie bringen den Park zum Klingen mit Mozart und Chopin, die die Idylle an diesem Nachmittag perfekt machen. Wir befinden uns auf Pariser Territorium, an einem Ort mit guter Metroanbindung – und fühlen uns doch so weit weg von Autolärm und Menschenmassen, als wären wir aufs Land gefahren. Die Kinder sausen zum Weiher mit den Enten, dann machen sie den Kiosk mit Eisverkauf ausfindig. Das zweite Konzert bestreiten nur drei Interpreten mit Klavier, Kontrabass und Schlagzeug. Sie ziehen uns mit einem anderen Stil, einem anderen Klang in den Bann. Er wird uns noch begleiten, auch als wir später versonnen gen Ausgang gehen, völlig entspannt in die Metro steigen und zurückkehren in den Trubel der Stadt.

WENN MAN SCHON MAL **HIER** IST:

Das mittelalterliche, prächtig renovierte **Schloss von Vincennes** □→ (tägl. 10–17 Uhr) mit seinem 50 Meter hohen Wohnturm, das sich schräg gegenüber dem Eingang zum Parc Floral befindet, umgibt ein breiter Wassergraben. Besuchern (9,50 Euro) steht es offen und gewährt einen Einblick in seine mehr als sieben Jahrhunderte alte Geschichte. Die Schlosskapelle in der Mitte der Anlage erinnert an die Sainte-Chapelle (siehe S. 36) auf der Île de la Cité.

HEISSES PFLASTER UND KÖNIGSGRÄBER

MIT EINEM »GREETER« UNTERWEGS IN SAINT-DENIS

+++ STECKBRIEF +++

WO? PLACE DU CAQUET, SAINT-DENIS +++ METRO 13 BASILIQUE DE SAINT-DENIS +++ WANN? JEDERZEIT, AM BESTEN ABER AN DEN MARKTTAGEN DIENSTAG, FREITAG ODER SONNTAG +++ WIE LANGE? 1 BIS 2 STUNDEN +++ WIE VIEL? EINE FREIWILLIGE ABGABE FÜR EINEN STADTFÜHRER DER GREETER +++ WICHTIG! DIE EHRENAMTLICHEN STADTFÜHRER DER GREETER BIETEN TOUREN AUF DEUTSCH UND ENGLISCH AN: GREETERS.PARIS/EN +++

ICH BIN ETWAS ZU FRÜH DRAN für das Treffen mit Michel, einem ehrenamtlichen Greeter, mit dem ich mich für einen Spaziergang durch Saint-Denis verabredet habe, und schlendere ein Stück. Heute ist Markttag, was nicht zu überhören ist: Das Geschrei der Verkäufer klingt von Weitem herüber. 130 verschiedene Nationalitäten, heißt es, leben in Saint-Denis. Vermengt sich da gerade ein Großteil all der fremden Sprachen hier auf diesem Platz? Genau so klingt es für mich.

Bevor ich mich im Gewimmel verliere, gehe ich zurück zum Treffpunkt an der Metrostation, wo Michel inzwischen wartet. Ich erkenne ihn gleich, da er mir mit der Terminbestätigung auch ein Foto geschickt hat. Er begrüßt mich herzlich. Der Rentner lebt heute in einer anderen Stadt, war aber über 20 Jahre lang in Saint-Denis zu Hause. Jeder Winkel ist ihm hier vertraut, einige davon wird er mir zeigen.

DIE VORSTADT, Banlieue genannt, liegt im Norden von Paris, zählt mehr als 110.000 Einwohner und gilt heutzutage als heißes Pflaster, als sozialer Brennpunkt mit hoher Kriminalität. Zugleich hat Saint-Denis eine lange Geschichte vorzuweisen. Ich bin neugierig auf das, was Michel darüber weiß, und wir gehen Richtung Norden. Hier schufen ab den 60er-Jahren renommierte Architekten ausgefallene Betonbauten mit Wohnungen für die Arbeiterschaft: Statt Ecken und Kanten haben sie runde, geschwungene Formen. Wir kommen an einem spektakulären Gebäude mit metallisch schimmernder Verkleidung vorbei: Der Brasilianer Oscar Niemeyer hat es in den 80er-Jahren als damaligen Sitz der kommunistischen Zeitung *L'Humanité* gestaltet, doch seit Jahren steht das Haus leer. Dahinter baut sich die Kathedrale vor uns auf, die wir nun betreten. Ich bin beeindruckt von dem prächtigen gotischen Bau mit den gut erhaltenen Kirchenfenstern und den aufwendig verzierten Grabstätten von Frankreichs Königen. Der Legende nach wurde der erste Bischof von Paris, Dionysius, nach dem Saint-Denis benannt ist, im dritten Jahrhundert genau hier begraben. Alle Könige folgten ihm seitdem darin.

VON DER KATHEDRALE AUS gelangen wir in ein bürgerliches Viertel mit eleganten Stadtpalais und Klosterbauten. Was für ein Kontrast zu den teils heruntergekommenen Häusern ein paar Straßenzüge weiter! Doch wer den Reichtum von Paris verstehen möchte, muss auch sehen, wohin die Stadt schon immer ihre Armut exportiert hat: hierher, in ihre Randbezirke.

Schließlich führt mich Michel zurück zum Markt. Von Kosmetikartikeln über Kleidung bis hin zu Kochtöpfen gibt es hier alles zu kaufen. »Sie können ihn nackt betreten und komplett ausgestattet wieder herauskommen«, sagt mein Guide schmunzelnd. Wir schieben uns durch die Gänge, vorbei an Verkäufern, die lautstark für ihre Ware werben. In einer geschlossenen Markthalle werden unter anderem Spezialitäten aus aller Herren Länder verkauft. Ich lasse mir noch ein paar vor Honig triefende arabische Gebäckstücke einpacken, bevor Michel sich verabschiedet. Auf humorvolle Weise hat er mir eine Stadt nahegebracht, die lebendig, vielfältig, sogar exotisch ist – und zugleich ganz nahe an Paris.

WENN MAN SCHON MAL **HIER** IST:

In Saint-Denis, zwei Kilometer und eine Metrostation südlich von der Kathedrale, steht auch das **Stade de France** □→, das 1998 eröffnet wurde und mit einer Kapazität von rund 81.400 Zuschauern die größte Arena des Landes ist. Neben Fußballmatches finden hier Rugby-Spiele oder manchmal Konzerte statt. Auch Führungen (deutsch) durch das Stadion werden angeboten, Infos dazu unter www.stadefrance.com/en/tours.

ENTLANG DER STREET ART AVENUE

EIN BOOTSAUSFLUG ZUR STRASSENKUNST AM CANAL DE L'OURCQ

+ + + STECKBRIEF + + +

WO? BASSIN DE LA VILLETTE +++ METRO 2/5/7B JAURÈS +++ UK.TOURISME93.COM/STREET-ART.HTML +++ WANN? FÜHRUNGEN AUF DEM BOOT AN SAMSTAGEN IM SOMMER UM 14.30 UHR ODER JEDERZEIT ZU FUSS AUF EIGENE FAUST +++ WIE LANGE? UNGEFÄHR 2 STUNDEN +++ WIE VIEL? 12 EURO (BOOTSTOUR), SHUTTLE-BOOT 1 EURO (SAMSTAG) ODER 2 EURO (SONNTAG) +++ DER TOURFÜHRER SPRICHT FRANZÖSISCH, GIBT ABER AUF WUNSCH AUCH ERKLÄRUNGEN UND BEANTWORTET FRAGEN AUF ENGLISCH +++

ACHTUNG – das Boot legt ab! Auf geht es zur Tour aus der Stadt hinaus Richtung Norden auf dem Canal de l'Ourcq. Was bis vor nicht allzu langer Zeit noch als die gefährliche »Bronx von Paris« verschrien war, ist heute ein hipper Ort, an dem sich viele junge Leute und Künstler niederlassen. Deren Spuren sind denn auch deutlich erkennbar, unter anderem in Form von Straßenkunst, die man hier findet, wo immer es sich anbietet: an Brücken und Booten, auf Mauern und alten Fabriken. Entlang der »Street Art Avenue« ziehen sich über eine Strecke von neun Kilometern Graffiti- und Straßenkunstwerke der verschiedensten Stile. Und die will Nicolas, unser Tourführer und selbst Künstler, der Besuchergruppe auf dem Boot, zu der ich gehöre, heute zeigen. Natürlich lässt sich der Weg statt auf dem Wasser auch auf der Straße zurücklegen, zu Fuß oder mit dem Rad.

GLEICH ZU BEGINN unserer Fahrt prangt an der Mauer neben einer Brücke das Abbild einer stolz dreinschauenden Frau – langer Hals, dunkle Haut, feuerrotes Kleid; es geht direkt über in ein schwarz-weißes Frauenporträt und dann wiederum in das futuristisch anmutende Bild eines grüngesichtigen Monsters in der Brückenunterführung. Ganz ehrlich, ich hätte hier draußen keine solch überwältigende Fülle an Street-Art erwartet. Alle paar Minuten fahren wir an einem neuen Werk vorbei, das durch seine Qualität oder seine schiere Größe überrascht.

Wenig später schauen fröhliche Kinderfiguren von der Absperrung vor einer Baustelle, und von der Fassade eines weißen Betonklotzes blickt plötzlich ein bekanntes Gesicht herunter – es ist das von Marion Cotillard, treffend echt abgebildet durch die US-Künstlerin BK Foxx. 20 mal 15 Meter groß ist das monumentale Porträt der Schauspielerin, die ihren sinnlichen Mund schürzt. Eine Hommage an den »französischen Glamour«, sagt Nicolas – und das ausgerechnet an einem Ort, der denkbar wenig Glamour ausstrahlt. Doch andererseits hat gerade der Kontrast zwischen den sterilen grauen Bauten und den Farbexplosionen der Straßenkünstler seinen eigenen Reiz.

WIE BEI DEM RIESIGEN BILD einer japanischen Geisha in goldenem Gewand, das nun unversehens auftaucht und sich über eine komplette Häuserwand erstreckt. Fin Dac nennt sich der Urheber des Werks. Nicolas erklärt alles erst auf Französisch, dann wiederholt er es auf Englisch. Ein Teil der Werke fügt sich ein in das bei einem Sommerfestival 2018 aufgelegte Programm »Studio Harcourt«, bei dem sich Street-Art-Künstler von Negativen des legendären, für seine Schwarz-Weiß-Porträts berühmten Pariser Fotostudios Harcourt inspirieren ließen.

Über die Kunst entdecke ich eine Gegend, die nur ein paar Kilometer von Paris entfernt ist – und die zugleich wirkt wie eine andere Welt! Die stolzen, historischen Bauten erscheinen hier in den Banlieues, wie die Vororte genannt werden, weit weg. Durch Pantin und bis zum dahinter gelegenen Bobigny fahren wir, bevor das Boot wendet und zurück zum Ausgangspunkt schippert. Schließlich habe ich nicht einfach nur eine Bootstour gemacht, sondern vor allem ein Museum besucht – ein Museum für Street-Art unter freiem Himmel.

WENN MAN SCHON MAL **HIER** IST:

Wer die afrikanisch-amerikanische Küche mag und am Wochenende brunchen, Kunst ansehen oder ein Konzert hören will – im **Point Éphémère** □→ (Di 17–2 Uhr, Mi–So 12–2 Uhr, pointepheme re.org) ist man richtig. Gelegen am Canal Saint-Martin im Pariser Norden nur ein paar Schritte von der Bootsanlegestelle, zählt er zu den angesagtesten Szene-Orten und dient als Ausstellungsfläche, Künstler-Treff und Konzertsaal, aber auch als Bar und Restaurant mit großzügigem Außenbereich.

WENN MAN
SCHON MAL
ABSEITS VOM
SCHUSS
IST
+++ SEHEN +++
+++ ESSEN +++
+++ AUSGEHEN +++
+++ SHOPPEN +++
+++ SCHLAFEN +++

+++++++++++++++ SEHEN +++++++++++++++

↑10 SCHLOSS VON VERSAILLES

Die einstige Residenz von König Ludwig XIV. gehört zu den größten Palastanlagen Europas, erbaut ab den 1660er-Jahren. Neben der Spiegelgalerie, den prächtigen Gemächern, der Schlosskapelle und dem Opernhaus lassen sich auch die Lustschlösser Grand Trianon und Petit Trianon im Park und die aufwendig gestalteten Gartenanlagen besuchen. Im Sommer finden hier musikalisch begleitete Wasserspiele statt – für eine Festatmosphäre wie zu Zeiten des Sonnenkönigs.

+++ PLACE D'ARMES, VERSAILLES +++ RER C CHÂTEAU DE VERSAILLES-RIVE GAUCHE +++ CHATEAUVERSAILLES.FR +++ DI–SO 9–18.30 UHR +++ KOMBITICKET SCHLOSS, TRIANON UND GARTEN 20 EURO, GRATIS FÜR EUROPÄER UNTER 26 +++ AN TAGEN DER WASSERSPIELE KOMBITICKET 27 EURO, WASSERSPIELE ALLEIN 9,50 EURO +++

Grande Arche de la Défense

Riesiger geometrischer Triumphbogen und Gebäude zugleich. Das Bauwerk mitten im Geschäfts- und Bankenviertel La Défense ist Teil einer »historischen Achse«. Es bildet eine Gerade mit dem Triumphbogen an der Spitze der Champs-Élysées und dem Louvre. Toller Ausblick von der Aussichtsplattform, im obersten Stockwerk regelmäßig gute Fotojournalismus-Ausstellungen.

+++ 1 Parvis de la Défense, Puteaux +++ Metro 1/RER A La Défense +++ www.lagrandearche.fr +++ tägl. 10–18.30 Uhr +++ Eintritt 15 Euro (Erwachsene), 10 Euro (Studenten), 7 Euro (3- bis 18-Jährige), 12 Euro (über 65-Jährige) +++

Parc de Sceaux

Dass André Le Notre, der Architekt der Gartenanlage von Schloss Versailles, auch bei der Gestaltung dieses Parks mitmischte, ist erkennbar – nicht nur an den Wasserspielen. Auf dem weitläufigen, aufwendig restaurierten Gelände lässt es sich wunderbar spazieren. Im Herrenhaus aus dem 15. Jahrhundert gibt es ein Museum für Gemälde und Antiquitäten.

+++ 8 Avenue Claude Perrault, Sceaux +++ RER B Parc de Sceaux +++ domaine-de-sceaux.hauts-de-seine.fr +++ 7–21 Uhr (Wintermonate bis 17 Uhr, Juni und Juli bis 22 Uhr) +++ Eintritt zum Park gratis, Eintritt ins Museum 4 Euro +++

FONDATION LOUIS VUITTON

Das futuristisch anmutende Gebäude von Architekt Frank Gehry im Park Bois de Boulogne mit seinen Glasflügeln zeigt auf einer Fläche von 11.000 Quadratmetern wechselnde Ausstellungen zeitgenössischer Kunst. Insgesamt stehen elf Galerien auf drei Ebenen zur Verfügung. Entstanden ist diese Stiftung 2014 auf Betreiben des Milliardärs Bernard Arnault, Chef des Luxusgüterkonzerns Moët Hennessy Louis Vuitton (LVMH). Von der Terrasse hat man einen schönen Blick auf Paris.

+++ 8 AVENUE DU MAHATMA GANDHI +++ METRO 1 LES SABLONS +++ FONDATIONLOUISVUITTON.FR +++ MO-DO 10-20 UHR, FR BIS 23 UHR, SA/SO 9-21 UHR +++ EINTRITT 14 EURO +++

PARC ASTÉRIX

Von Obelix umarmt und im Fahrgeschäft *Trojanisches Pferd* herumgewirbelt werden, eine Schlacht zwischen römischen Legionären und gallischen Kriegern verfolgen – der Asterix-Erlebnispark 35 Kilometer nördlich von Paris ist eine kleinere, liebevoll gestaltete Alternative zum Disneyland.

+++ 60128 PLAILLY +++ SHUTTLE-BUS AB DEM CARROUSSEL DU LOUVRE, ABFAHRT 9 UHR, RÜCKFAHRT 18.30 UHR, ODER SHUTTLE-BUS AB FLUGHAFEN ROISSY-CHARLES-DE-GAULLE (SCHALTER BUS-INFORMATION-TICKETS) ALLE 30 MINUTEN +++ PARCASTERIX.FR +++ TÄGL. 10-18 UHR +++ EINTRITT ERWACHSENE 51 EURO, 43 EURO FÜR KINDER VON 3 BIS 11 +++

LE PANORAMIQUE

Geboten wird nicht irgendein Panorama, sondern der Blick auf die legendäre Pferderennbahn von Vincennes. Während sich die stolzen Gäule verausgaben, speist man hier oben ab 25 Euro (Preis für das Hauptgericht).

+++ 2 ROUTE DE LA FERME, HIPPODROME DE VINCENNES +++ RER JOINVILLE-LE-PONT +++ VINCENNES-HIPPODROME.COM/FR/RESTAURATION +++ +33 146 99 34 29 +++ MO-FR 11-22 UHR, SA/SO 11-18 UHR +++

PHO NAM BO

Wer die asiatische Küche liebt, geht ins asiatische Viertel im 13. Arrondissement – beispielsweise hierher, wo es vietnamesisches Bun-Bo oder Pho-Suppe für ca. 11 Euro gibt.

+++ 84 RUE BAUDRICOURT +++ METRO 7 TOLBIAC +++ +33 982 31 46 91 +++ DO-DI 12-15 UHR UND 19-23 UHR +++

BEURRE NOISETTE

Ausgezeichnete Küche – für einen besonderen Abend. Dabei ist das Preis-Leistungs-Verhältnis mit Menüs ab 34 Euro hervorragend. Reservierung empfohlen!

+++ 68 RUE VASCO DE GAMA +++ METRO 8 BALARD +++ RESTAURANTBEURRENOISETTE.COM +++ +33 148 56 82 49 +++ DI-SA 12-14 UHR UND 19-22.30 UHR +++

LE CHÂLET DES ÎLES BOULOGNE

Romantisches Restaurant auf einer Insel im Wasser. Bei 30 Euro fürs Hauptgericht ist das schöne Ambiente in herrlicher Umgebung inklusive.

+++ LAC INFÉRIEUR, BOIS DE BOULOGNE +++ METRO 9 RUE DE LA POMPE, RER C GARE D'AVENUE HENRI MARTIN +++ CHALET-DES-ILES.COM +++ +33 142 88 04 69 +++ TÄGL. 12-15 UHR UND 19-23 UHR +++

AUSGEHEN

CLUB LE CHINOIS

Einige der coolsten Orte von Paris liegen heute außerhalb der Stadt! Dazu gehört dieser eher alternative Club, in dem je nach Abend und Laune Jazz, Elektro oder Punk aufgelegt wird.

+++ 6 PLACE DU MARCHÉ, 93100 MONTREUIL +++ METRO 9 CROIX DE CHAVAUX +++ FACEBOOK.COM/LECHINOISDEMONTREUIL +++ FR–SA 19–5 UHR +++

SPUTNIK

Eine In-Bar im In-Viertel Butte aux Cailles, die eine Terrasse, Tischfußball und gute Cocktails anzubieten hat, beliebt bei den Studenten des nahe gelegenen internationalen Uni-Campus.

+++ 16 RUE DE LA BUTTE AUX CAILLES +++ METRO 6 CORVISART +++ SPUTNIK.FR +++ MO–SA 17–2 UHR, SO 16–0 UHR +++

SHOPPEN

OUTLET PADDOCK – GALERIES LAFAYETTE

Das berühmte Pariser Kaufhaus hat auch ein Outlet mit interessanten Preisen. Nicht ganz so zentral, aber der Ausflug in den Pariser Nordosten lohnt für Schnäppchenjäger.

+++ 60 AVENUE GASTON ROUSSEL PADDOCK PARIS, ROMAINVILLE +++ METRO 5 BOBIGNY-PANTIN-RAYMOND QUENEAU +++ TÄGL. 11–20 UHR +++

CENTRE COMMERCIAL BEAUGRENELLE

Eines der modernsten und mit 120 Läden größten Pariser Einkaufszentren auf sechs Stockwerken mit Luxus- wie auch günstigeren Marken, Cafés und einem Kino.

+++ 12 RUE LINOIS +++ METRO 10 CHARLES MICHELS +++ MO–SA 10–20.30 UHR, SO 10–20 UHR +++

+++++++++++ SCHLAFEN +++++++++++++

HUTTOPIA VERSAILLES

In Versailles gibt es nicht nur das Königsschloss, sondern auch viel Natur. Der Campingplatz liegt im Wald, aber nur 10 Minuten vom Bahnhof entfernt. Geschlossen von November bis März. Stellplatz für Wohnmobile ab ca. 50 Euro, die Nacht in der Holzhütte ab ca. 60 Euro.

+++ 31 RUE BERTHELOT, VERSAILLES +++ RER C GARE DE PORCHEFONTAINE +++ EUROPE.HUTTOPIA.COM/DE/SITE/CAMPING-VERSAILLES +++ +33 139 51 23 61 +++

PÉNICHE OVIRI

Ein Hausboot ist gemütlich, es steht aber nicht viel Platz zur Verfügung, deshalb sollte man lange im Voraus reservieren. Das Gruppenzimmer für bis zu sechs Personen gibt es für knapp 600 Euro, das Zimmer für zwei bis drei Gäste ab 180 Euro. Eine Küche ist vorhanden, Kajaks und Räder gibt es zum Ausleihen.

+++ 309 QUAI DE STALINGRAD, ISSY-LES-MOULINAUX +++ TRAM 2 MOULINEAUX, RER C ISSY +++ BOATFORGUEST.NET +++ +33 146 44 88 50 +++

DANKE: Merci an diejenigen, die mich beim Erleben so mancher Pariser Stadtabenteuer begleitet haben, mich auf einige Ideen erst gebracht, mich von anderen wieder abgebracht und mir wertvolle Tipps gegeben haben, darunter Pascal, Caro, Lisa, Doro, Eveline, Isabelle und Maren. Und merci an Thea, die mich zu den Erlebnissen begleitet hat, noch bevor sie auf der Welt war.

FOTOS: Alle von Birgit Holzer, außer: Coverfoto: Unique Vision; 12, 22: Caves du Louvre; 26: Stadt Paris; 34: Johannes Batzdorf; 38: Le Mesturet; 66/67: Nature & Découvertes; 72/73: Sophie Irles; 80/81: Julie Collas; 96/97 und 112/113: Caveau de la Huchette; 103/104: Christophe Fouin; 136/137: Jean Pierre Salle; 154/155: Gabriel de la Chapelle; 191: Bouillon Chartier; 208/209: Brasserie Barbès; 210/211: Alexandre Guirkinger; 227: Caroline Siry; 239: Huttopia

IMPRESSUM: Text und Recherche: Birgit Holzer; Herausgeberschaft und Redaktion: Matthias Kröner; grafisches Konzept, Layout und Covergestaltung: Berit Kröner; Illustrationen: Mirja Schellbach; Lektorat: Dr. Felicitas Igel; Korrektorat: Eva Wagner; Druck: Westermann Druck Zwickau GmbH

ISBN 978-3-96685-050-6